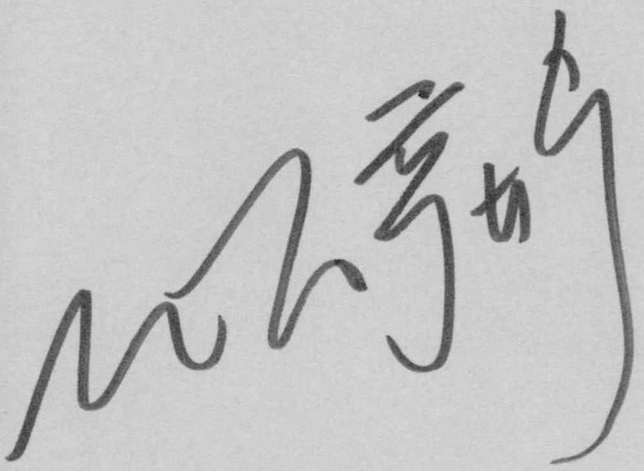

東京・時時刻刻

那些輕描淡寫的日本真實生活，疫情之下的點滴生存記錄

Miho ——— 著　WHOSMiNG ——— 繪

第四章 人間關係

第五章 在日本的外國人

CONTENTS 目錄

第一章 食事

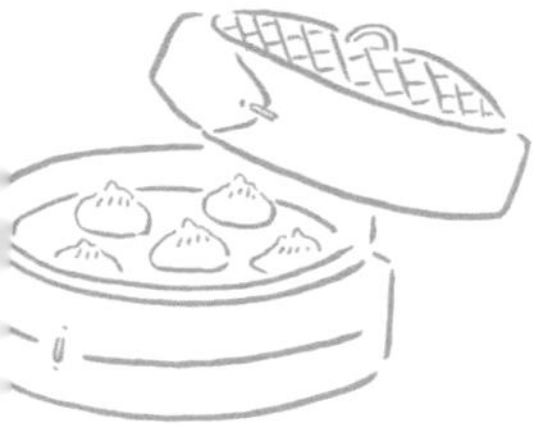

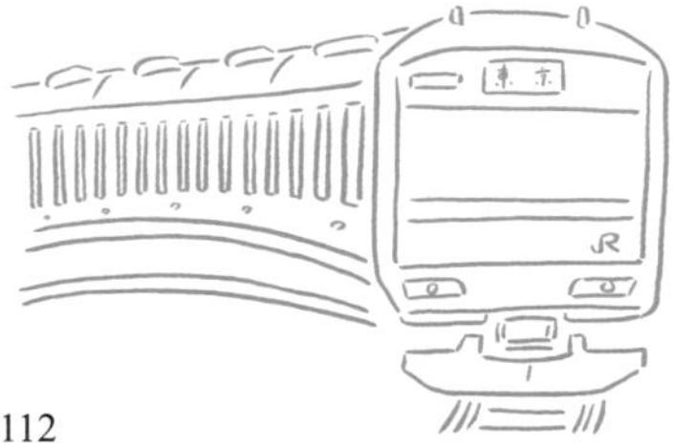

第二章 仕事

第三章 生活

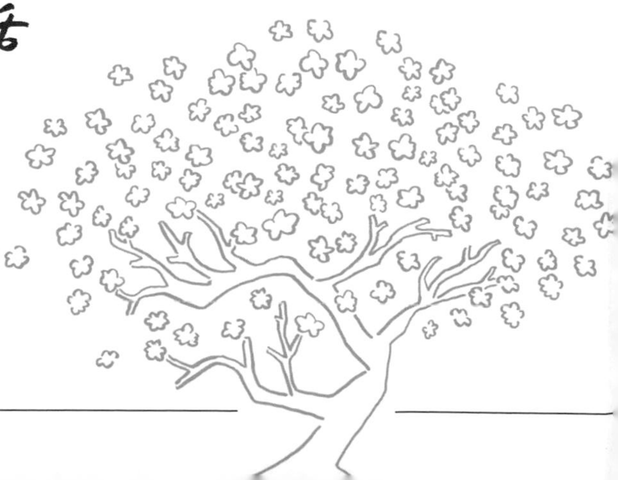

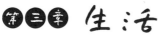

自序

從台灣學生到旅日作者

從還是留學生時出版了第一本書至今已經過了八年，我的身份雖然變了，但是抱持好奇心、充實過生活，並且用文字與照片將美好與現實的片刻都記錄下來的心態與習慣一直都沒變。

當初感受到的文化衝擊與新鮮事，現在也逐漸入境隨俗，或者覺得有那樣的事情發生都是理所當然。爲了探究這些可能連日本人都不太知道的「理所當然」背後的原因，也爲了讓自己持續思考，偶爾試圖打破那些長年形式上的理所當然，我提筆寫下這本在東京的時時刻刻。

同樣一件事情在歷經多年、身份轉換後，會有完全不同的感觸與想法，而這座城市也以飛快的速度在各種方面有著許多進化與改變，這也是爲什麼

我多年來居住在東京從不覺得膩、甚至越來越覺得耐人尋味的理由。

自從二〇一三年正式宣佈東京為下一屆奧運主辦場後，這座城市就卯起來沒日沒夜的做準備。從築地場內市場搬移、JR山手線新增車站、新面貌的國立競技場、到興建澀谷最高最美的三百六十度展望台等等，除了讓旅客每一趟的東京之旅都充滿驚喜之外，也讓東京人每個週末都有行程可以排。但是這一切都在一場疫情發生後，使得尚未華麗演出的東京，一夕之間成了最慌張落魄、還帶點寂寥的主角。

二〇二〇年我們有機會與時間去省思過去的生活方式以及當今的社會型態，透過這本書，希望能為大家呈現目前最真實面貌的東京，同時勾起你上一趟來東京時有注意到而覺得有趣的小細節，並帶給在異鄉努力的人一些找回初衷的勇氣。

謝謝總是鼓勵與關心我的家人、朋友與讀者們。我們都要健健康康的，期待下一次相見。

推薦序

以勇敢支撐起來的溫柔

張維中

日本作家吉本芭娜娜曾在她的散文裡提過一段往事，說到她在異鄉遇見一位陌生青年，彼此因爲一罐松脂乳霜而有了短暫的互動。青年純眞無邪的笑顏與知足的感恩，讓她受到清新的觸動，於是寫下這樣的一句話：

「某人在遙遠的某個城市誠實生活，原來是如此重要的事。」

當我閱讀miho的新書《東京，時時刻刻》之際，腦海中忽然就浮現出了吉本芭娜娜寫下的這句話。可能是因爲miho的笑容，總讓我也感覺到一股清新的氣質，散發著溫柔，安然自在的滿足；可能是因爲miho的書寫，字裡行間之中，令我感受到身處在異鄉的她，不愧對自己，沒辜負家人親友的期望，踏實且誠實地生活。

那的確是一件重要的事。對於同樣也在異鄉生活多年的我來說，非常清楚地知道，離開故鄉，在一個遙遠的城市長年生活，一個人要如何維持初衷，忠於自我，並不是一件容易的事。雖然說就算生活在故鄉，人也會遇到不順遂的事，但是同樣的考驗和打擊，轉換到異鄉時，那侵蝕的力道卻往往可能加倍奉還。

因此，想起miho的笑顏，然後再翻讀著她寫下的文字時，我很明白在那樣溫柔的笑容背後，藏著她以勇敢支撐起來的力量。

在日本定居生活，可能是許多人的憧憬。倘若你在未來的某一天計畫啟程，那麼這本《東京，時時刻刻》會讓你做好該有的準備。miho會告訴你，這裡有不少符合你期待的想像，但是也請注意，同時存在不少或許會讓你幻滅的殘酷。而如果你是已經住在日本的人，那麼讀起這本書，相信會有許多點頭如搗蒜的同意，為我們說出相通的情緒。當然，要是你想剖析日本人的特殊性格，書中也細數了成因的文化。

從飲食文化、職場工作、日常習慣和人際關係，再到最後一章節，透過住在日本的外國人談大家眼中的日本，miho誠實地紀錄著東京的時時刻刻，成爲一盤酸甜苦辣融合的套餐。難得可貴的是，她試著融入這個社會的規則，但也不會隨波逐流、照單全收，放棄她覺得好的原則。面對生活的積極樂觀態度，忙裡偷閒維持生活的品質，保持摸索的好奇心，她在日本愈久，就愈是意識到身爲台灣人的價值。

認識miho以後，印象最深刻的是當她聊到非常愉悅的話題時，文靜的她會忽地開懷忘我大笑。我覺得這樣很好，我喜歡她這樣。因爲在那一瞬間，我覺得即使她外在看起來眞像個日本女生了，但不拘小節的眞我性格，說到底還是我們台灣的孩子。

祝福miho在未來的日子裡，轉換於更多重的身份之間，面對日常的瑣碎時，繼續誠實地生活，永保開懷暢笑的能力。

第一章 食事
しょくじ

帶著美食無地雷的印象來到東京後，
發現多半日本人在踏出老家忙於工作後，
對於吃似乎沒有那麼講究。
只要又快又飽，再來杯啤酒就好……。
或許這也就是為什麼人人內心憧憬著
回到家的那刻看到滿桌的手作料理。

飯前先喝湯的經典時刻

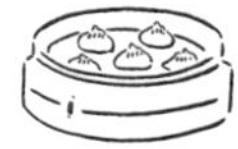

味噌湯是有如白開水般的存在。

吃過日式料理的人應該都會發現，從迴轉壽司、定食到懷石料理，幾乎所有菜單都會出現味噌湯，甚至連去吃頓漢堡排洋食，附餐的湯有一半機率也是味噌湯，更不用說是家庭中的手作早餐了。

日本人在品嚐一頓料理前，通常會先喝幾口味噌湯再開始進攻白飯與菜餚，由於他們從小就耳濡目染以這樣的順序進食，並沒有想太多。事實上，這樣具有先喝口湯暖身、以及沾濕筷子才不會使得飯粒黏在筷子上等好處，因此這項不需特別說明大家也照做的飲食方式，就成了日本的食文化之一。

另一方面有趣的是，在日本沒有人用湯匙喝味噌湯！剛到日本之初，有一次我和日本朋友去すき家牛丼連鎖店用餐，因爲我喜歡用湯匙吃丼飯，爲圖方便不想再拿筷子，就直接用湯匙撈料喝起味噌湯。這時一旁的日本友人眼睛瞪大說：「怎麼可以用湯匙！要用筷子啊！」便立刻遞了雙筷子給我。面對吃法極度講究規則的日本人，我也只能默默入境隨俗。換作要是在台灣夜市點碗魚丸湯，老闆不給湯匙，我肯定會翻臉。

後來知道日本基本上秉持著「只要有一雙筷子就能吃完一餐所有料理」的習慣，與我們一個碗就能吃遍每道菜的模式完全相反，雖然筷子源自中國，卻發展出與其他亞洲國家不盡相同的獨特食文化。

不吃飯的用餐時刻

不再有人問：「你吃飯了嗎？」，但常被問「你平常會下廚嗎？」

來到日本生活之後，人與人之間日常的問候句最常出現的便是：「今天天氣好冷喔！」、「今天也太熱了吧！」之類的句子，是無論關係多麼陌生或親暱都能使用的招呼語。因爲答案相當客觀，不會牽扯到隱私，而就算你在十度的天氣只穿了件短袖也不會有人說什麼。

一開始時我挺不習慣的，畢竟從小受到台灣食文化的影響，「吃飯皇帝大」，無論發生什麼事情先吃飽最要緊，就算遇到再咬牙跺腳的麻煩事，吃頓飯總會讓心情好些。然而周遭的日本人並不會主動詢問：「你吃飯了嗎？」，倒是我常常在辦公室問日本同事們吃飯沒？其實他們並不會覺得不舒服，也會自然地回答你，只是就是不太會反問你。

以下是我曾聽過的回答：

同事1：「吃飯讓我有罪惡感，還有很多事沒做完……」

同事2：「啊……我忘記吃了。現在幾點？」

同事3：「剛剛買了便利商店的便當吃了」

身爲公司前輩，雞婆的我聽到這些回答時實在驚訝，迅速勸他們再忙也要吃飯，便利商店的便當對身體不好之類的話，不過也只是被當作耳邊風。

或許他們認眞覺得有沒有吃飯是其次，也沒興趣知道。然而對我們而言，吃飯時進行的交流與放鬆時間遠比在會議室中的交談來得重要。

簡單的一句問候語能多少了解對方是不是在忙、甚至是健康狀況，今後我還是會持續問周遭的日本人：「你吃飯了嗎？」。

日本人唯一會主動提問關於吃飯的事就是「你平常會下廚嗎？」這件事。

而這句話會出現在初次見面的客戶、不熟的同事、剛認識的新朋友，甚至是第一次造訪的咖啡店店員都有可能突然問你這句話。

由於日本的租屋房內多數有附簡易廚房，加上外食普遍偏貴，因此未婚女性大多會選擇親自下廚，甚至前天晚上就一起先把隔天中午便當做起來。而會煮飯的未婚男性，雖然明顯比上一代趨增，但覺得去超市買食材、吃完又得洗碗而嫌麻煩，便直接把廚房當洗臉台的人也大有人在。

拿手菜是日本女生必備

留學時爲了要省吃儉用，每天早餐我都會自己煮些簡單的煎蛋培根與烤三明治等輕食，待日文課放學後再到離家近的超市買菜，也會去圖書館借食譜來研究本日晚餐要吃些什麼。而開始上班後，因爲從家裡到公司的通勤距離約一小時，不想下班搭滿員電車一小時後還得自己煮飯洗碗，於是乾脆過起三餐外食的生活，就這樣持續了將近四年，因此無法領會所謂的「做菜可以紓壓」這件事，連冰箱插頭都拔起來了，很少使用（除非買冰淇淋囤貨時）。

當周邊的人問我：「你平常會下廚嗎？」聽到我的回答是：「我三餐都吃外食」，他們無不露出訝異表情。接著他們會問：「這樣伙食費不會很貴嗎？」、「感覺很不健康耶！」我都回答：「早餐不就麵包或御飯糰配杯咖啡，中餐晚餐控制在一千日幣以內的話其實還好啦！」

加上自己其實不太吃油膩的食物，在餐廳會詢問店家是否能減鹽減油少辣（我承認自己是很麻煩的客人），而且堅持不吃便利商店的便當與泡麵，自認爲還在正常範圍內。不過說了這些後，日本人還是一副「妳一定嫁不出去」的臉，儘管我認爲有些失禮，卻仍選擇笑笑回應。

反觀，他們不太會問男生這個問題，因爲日本單身男子會下廚的比例實在不高，若一旦知道了某位男子擅長下廚，身價馬上水漲船高。

曾經和正進行婚活（註）的日本朋友聊天，她說在塡寫個資時，有一欄必須塡寫「拿手菜」，由於她幾乎沒在下廚，只好亂掰個生薑豚肉寫上去。由此可見，**當今日本社會仍然保有『女方就是必須會下廚』的傳統思維**。而那句「你平常會下廚嗎？」的問候語，多少也能一窺對方的生活品質，進而判斷你是否具備待嫁條件。

我必須說，三餐外食或三餐自己下廚都無法用來判定一個人的生活品質，重要的是吃得好、吃得健康。

註：婚活，是結婚活動的簡稱，泛指參加相親、聯誼等以結婚為目標的各式活動。

在日本習得的手作料理

享受獨自用餐的時刻

儘管日本人看待男女獨自吃飯的眼光大不同，適合一個人吃飯的邊緣人餐廳卻逐漸興起。

在東京，一個人吃飯眞的沒什麼大不了的，或者可以說東京是最適合一個人吃飯的都市也說不定。

很多居酒屋與餐廳所提供的鍋料理以及燒肉，都還是以「兩人以上才能點餐」的規則爲主。不過近年漸漸有了變化，到處都可以看到「一人燒肉」、「一人涮涮鍋」的看板出現在街道。

一個人吃飯好療癒

東京是日本全國流動性與變化最大的城市，來自世界各國與日本各地的人，都爲了擁有一個嶄新的人生機會而聚集於此。然而無論是在學校或是在職場，都很難避免衆人一起行動的場合，就算是和不喜歡的社團學長姐聚餐、討人厭的上司找大家下班一起去喝酒，都因爲害怕與別人不同、擔心影響大家對自己的評價印象而只能默默接受。因此「一個人的時間」無形中成了一種紓壓的形式。

連當紅偶像組合乃木坂46（註一）成員的齋藤飛鳥（註二），都曾在電視專訪上說過：「一週會吃個兩三天的一人燒肉，不用在意別人眼光，專注在眼前的美食多好。」這也讓許多想嘗試卻遲遲不敢挑戰的女生打了一劑強心針。

我很喜歡一間位於表參道巷弄的涮涮鍋店，在平日有推出午間套餐的優惠，只需一千五百日幣左右就能享用到上等的國產牛肉。店家表示這一帶很多美容師與服務業店員，因吃飯時間較不固定，希望能在他們想犒賞自己、又不想呼朋引伴時，提供最美味而不傷荷包的鍋物餐點。

獨食的社會氛圍，台日大不同

至於一個人吃拉麵與牛丼呢，對男生來說則是很家常便飯的事情。由於這些可快速解決用餐的店內還是男生居多，座位分配又是很尷尬的擁擠吧台型，所以獨自在裡面用餐的女生還是較爲少數。不過身爲外國人的我根本不在意，之前某連鎖牛丼店推出期間限定的寶可夢碗公牛丼套餐，寶貝球碗公與隨機贈送的寶可夢小模型實在太可愛，上市第一天我就跑去吃。之前聽同樣住在東京的台灣女生說她曾經自己去牛丼店用餐，一旁幾個日本女生一直以令人感到不舒服的眼光看她，最後甚至跑來問她：「爲什麼妳要一個人來啊？」，這位台灣女生給了一個讓她們啞口無言、摸摸鼻子走人的答案：「我肚子餓，有什麼不行的嗎？」，她說眞的不要來逼肚子在喊餓的人。

想吸引女性族群的牛丼餐廳

近年餐飲業者或許是聽見了大家的心聲，想努力擺脫只適合男生光顧的印象，因此紛紛開始打造裝潢宛如咖啡店的拉麵店，背景音樂不再是千篇一律的傳統祭典演奏，而是夏威夷風的慵懶音樂。知名連鎖牛丼專賣店也爲了讓女性及家庭也願意上門光顧，還找來石原聰美拍廣告宣傳，也在幾間分店開始實驗，像是點餐方式仿造速食店的模式，在櫃檯一次完成點餐與取餐的動作，座位中間擺設有一定高度的人造植物，避免與對面的客人對上眼、也保有隱私，菜單也有更豐富的選擇，這麼一做果眞拓展客群！

令男性卻步的午茶甜點店

相反的，男生也有一個人不太好意思進去的餐廳，那就是「甜點下午茶店」。幾年前，一位大學男同學獨自來東京旅行，我們約在以水果千層派走紅的人氣甜點店碰面。當時我只吃了一塊蛋糕就已經覺得有點撐，但是他卻一口氣吃了兩塊，心滿意足的對著我說：「男生一個人來吃這個超尷尬的，妳能陪我來吃眞的太好了！」。我環視了整家店才意識到大多都是女性，就算有男性顧客，也絕非一個人用餐。對甜食男子與牛丼女子來說，比起店內氛圍，害怕自己被認爲與他人不同以及別桌客人投射過來的異樣眼光，或許才是令人難以鼓起勇氣踏入店家的原因。平常工作已經堆滿壓力，人際關係有時也得配合他人委屈求全，不如把最自在的時刻留在品嚐美食吧！

註一：乃木坂46是成立於二〇一一年的日本大型女子偶像團體，目前共有四十三位成員，由日本索尼音樂與製作人秋元康合作，出道時定位為另一個女子團體「AKB48」的官方正式對手。

註二：齋藤飛鳥曾任時尚雜誌的模特兒，現為乃木坂46的指標成員之一，父親是日本人，母親是緬甸人。

1.寶貝球牛丼　2.很適合獨自用餐的一蘭拉麵　3.石原聰美代言牛丼廣告

可外帶但不打包

與其顧慮食物浪費問題，日本人更擔心讓顧客打包回去之後的衛生問題。

在華人國家，很多長輩在餐廳或喜宴享用餐點時，若沒吃完的食物，會有請服務生打包的節儉習慣，但是在日本並沒有這種「沒吃完很浪費，要帶回家」的觀念，頂多在咖啡店內用喝咖啡時，若因趕時間沒喝完，可以要求店員幫忙倒進外帶紙杯帶走。

有一次在平日上班的午休時間，我走進一間咖啡輕食連鎖店，當天客人比以往多，因而上菜速度延遲，直到過了半小時後，我點的總匯三明治終於端上桌，這時突然想起有個會議得開，想著與其在這裡狼吞虎嚥再急忙趕回去開會，不如打包等會議結束後再慢慢吃。

將三明治拿去櫃檯詢問後，店員求救於店長，店長爲難地說：「客人，您這樣我們會很困擾的，因爲若你在別處吃了之後發生什麼問題，我們沒辦法負責。」

我：「我沒有要你們負責啊……只是因爲我眞的沒時間在這裡好好吃完，如果就這樣付錢離開，我反而覺得虧欠，怕你們以爲是料理不好吃。」

店長：「我知道您是常客，不如這樣吧，」

他將聲音壓低，「這次我們就特例，下不爲例，我用鋁箔紙把三明治包好，請妳不要讓其他客人看到。」說話的同時還不斷四處張望。

最後雖然我成功地將三明治外帶回辦公室，但這過程也耗了十分鐘。

唯一可接受打包外帶的是飲品

之所以在日本不盛行打包文化，正是因爲「衛生管理」，日本認爲店家現做的美食最新鮮，一旦經過一段時間之後，新鮮度就會降低，細菌滋生的可能性就越大。若將沒吃完的食物打包回去，假設客人吃了之後，出現食物中毒或身體不適的狀況，後果該由誰負責？爲了避免不必要的麻煩與糾紛，基本上店家是不接受打包的。唯一的例外就是飲品類，一般有提供外帶杯的咖啡店，會願意幫客人將沒喝完的咖啡倒進外帶杯後帶走。

餃子配炒飯的中華料理

雖然台灣小吃很受日本人歡迎，但中華料理可不包含台灣菜……。

在東京這座大城市，不用怕找不到美食，偶爾思鄉時也不愁沒有台菜可以吃。在這裡生活後，發現到處都有所謂的「中華料理」，不過普遍在日本的中華料理是泛指所有「中和折衷」的大眾創作料理，舉凡炒飯與餃子都是。

雖然台灣料理越來越受到注目，不過對於一般的日本人而言，還有點難分辨中華料理與台灣料理的差別。許多看板上寫著斗大字眼「台灣料理」的店家，總讓我滿懷希望的踏進去後，看到菜單才發現根本沒有一樣是熟悉的家鄉味。

巷弄裡的中華料理店，大都是代代相傳住在日本的華僑、或是近年飄洋過海來此討生活的華人所開設，像是橫濱的中華街，是以來自廣東省的佔多數；而長崎中華街則因地緣關係，以福建省居多。

料理的菜系主要可分爲北京（北京烤鴨、炸醬麵）、四川（麻婆豆腐、酸辣湯麵）、廣東（燒賣、叉燒）、上海（小籠包、八寶菜）等類別。因爲主要客群以日本人爲主，所以味道的調味就會比較偏向符合日本人能接受的風味。

少了辛香料的日式中華料理

若是問日本人：「你中餐想吃什麼？」

「嗯，中華！」

日本人口中的中華，最典型的料理包括：回鍋肉、麻辣豆腐、青椒肉絲、炒飯、乾燒蝦仁。

其中加了高麗菜的回鍋肉與加了番茄醬的乾燒蝦仁，都是台灣較少見的菜色。

日本人其實沒有那麼會吃辣，也因在意氣味而不太喜歡蒜頭，所以在料理上改以甜麵醬與些許的番茄醬等來代替大量的辣椒與豆瓣醬，甚至把蒜苗改成爽口的高麗菜。

這類改良式的四川料理，幾乎都是發揚自四川出生的料理人陳建民（註三）先生的食譜。陳建民先生因受邀在NHK電視台的料理節目中大顯身手，不但公開作法，甚至還設立中國料理學院，讓這些料理開始普及於日本的日常生活。

若是去吃擔擔麵，通常就可以調整辣度與麻度、要不要放辣油等，麻婆豆腐也有甜味與激辛辣等選擇，讓對辣度較爲敏感的日本人也能在不會狂冒汗與狂灌水的優雅狀態下享用美食。也因爲如此，我來到日本後，對辣度的接受度大幅下降，只要稍微吃到一點辣的食物，喉嚨就開始喊痛。在一旁個個是吃辣高手的台灣同事眼中，我眞的弱到無話可說。

豐富的中華料理是上班族的首選

如果是選在中午到中華料理店用餐，划算又豐盛的定食套餐幾乎是上班族們的首選。一樣主食、配白飯、湯、榨菜與甜點杏仁豆腐，一頓不到八百日幣就能很有飽足感。但不管是哪一家店，附的湯不是只有幾條蛋絲浮在湯裡、就是撒幾片蔥花的醬油湯頭，喝起來還眞有點空虛。店家爲了接應中午時間大量湧進的上班族客群，並不會像台灣自助餐那樣還備有一鍋湯供客人食用，因此若眞的想喝碗料多豐富的湯，只能額外以等同於一個定食套餐的價錢再點個酸辣湯之類的湯品。

杏仁豆腐是定食必備甜點

至於飯後的甜點，也是萬年不變的杏仁豆腐。以前在台灣時，我對杏仁的印象就是大型超市地下美食街傳來濃郁到有點讓人不敢領教的杏仁牛奶味，沒想到來日本後，它卻常常出現在餐桌上。

大概在一九二〇年與一九七〇年代時，報紙上多次介紹了如何製作杏仁豆腐的食譜，因爲製作方式比起其他中華甜點來得簡單且不費時，中華料理店爲了讓客人在吃完主食後不會感到過於油膩，開始推出飯後清爽冰涼的杏仁豆腐作爲副餐甜點，因而使得「杏仁豆腐＝甜點」這個認知傳遍日本。而杏仁豆腐又分爲兩種吃法，一種是切成像寒天的凍狀，以色彩鮮豔的水果作爲裝飾佐糖汁品嚐；另一種是做成布丁形狀，在便利商店也很常見。據說在北海道、東北、關東地區是布丁派的主流地區呢。不過日本的杏仁豆腐因含砂糖，乳製品與香料成份較多，因此吃起來溫潤順口，沒有想像中來得強烈，讓我終於習慣了杏仁的味道，偶爾還會突然想吃而跑去便利商店買回來當宵夜呢。

註三：陳建民出生於一九一九年的中國四川，一九五〇年代到日本開了一家川菜餐館，並針對日本人的口味改良傳統川菜料理，在NHK電視台的《今日の料理》節目中表演而聲名大噪。

1.榨菜與杏仁豆腐　2.只有幾片蔥花的附餐湯

日本珍奶狂潮

珍珠奶茶店竟然開得比便利商店還多?令人訝異的珍奶風潮。

在二〇一一年當我還是留學生時，東京只有少數幾間珍奶店品牌，而且因爲大多是日本原創品牌，總是少了點家鄉味。後來春水堂來日本展店，可內用的用餐環境提供顧客一個能夠坐下來與朋友聊天的場域，因此「優雅喝完珍奶」的氛圍成爲當時的趨勢。至此從代官山爲首，春水堂幾乎每一家分店都湧現了排隊人潮，完全收服日本人的胃。

後來COMEBUY、咖啡弄也進駐日本，可惜沒維持多久，便因龐大的人事費與嚇人的租金而抽離日本市場。接著換如今已成爲韓國企業的貢茶登場，將奶蓋茶作爲主打商品之一。但因爲這對日本客人來說是很陌生的飲品，因此他們還會附上說明書教你怎麼喝，或是在當場問你知道怎麼喝嗎？

問完後還有下一個步驟：「那我幫你在奶蓋上灑點抹茶粉可以嗎？」

曾經聽到一位日本阿伯問店員：「加抹茶粉會比較好喝嗎？」慌張的店員：「嗯，我們很推薦唷！」她可能沒想過會被這樣問吧。

日本企業所營運的手搖店，大多採日台混合的販售方式，一樣可以客製化，但是「去冰」要加價，這樣才能加滿。這點在一開始讓不少台灣人錯愕，因爲在台灣時，就算是去冰，還是可以得到一杯滿滿的飲料。可是在日本，講究食材成本之下，他們認爲只能倒入固定的飲料容量，否則就得加錢。

有一次我試著詢問店員：「我不想加價，你可以幫我做去冰嗎？量變少沒關係」，想當然只會照著一套規則做事的小店員回絕了我的請求。

患難見真情的台日友好

在二〇一一年日本大震災時，因收到來自台灣的捐款救援，讓日本人滿懷感謝之外，也引起了他們的好奇心而想親自造訪台灣。在那之後，每年赴台旅遊的日本人便越來越多，**如今終於超過夏威夷，成為日本人最想去旅遊、也最多人去旅遊的國家**。

而實際從台灣旅遊回來後的日本人之間，也開始口耳相傳推廣台灣美食，台灣人熟悉的手搖店品牌便看準商機陸續登日。萬萬沒想到曾經得特地搭電車才能喝到的珍奶，竟然變成公司或家附近一公里內都能買到，且每間店都得排隊的狀況。然而不得不說，非台灣企業所開設的手搖店，品質相當參差不齊，有的珍珠硬到我以爲在吃豬血糕，或是味道就像在喝化學香料的奶茶都碰過。

令人吃驚的珍奶效應

日本這波珍奶風潮，狂到光是在原宿就有超過三十家以上的門市，還開了期間限定的珍奶主題樂園，讓大家跳進珍珠球池裡拍照打卡。後來又轉移陣地，於新宿附近的日本第一間性別平等的飯店一樓，以咖啡店型態復活，並大膽推出要價一萬日幣的珍奶。一杯臺幣三千的珍奶，使用自古以來作爲中國歷代皇室的貢品茶葉「大紅袍」，據說香氣層次分明，相當醇厚。不過到底是誰會點一杯需要等二十分鐘才能上桌的高級珍奶呢？

隨著珍奶店一家接著一家開，也逐漸改變日本人的飲食習慣，有一次我與客戶聊天，她提到自己就讀國中的女兒，最近開始想減肥，因此早餐只想吃水果優格、中午便當也要求減量，但是卻願意花零用錢買一杯珍奶。女兒認爲珍奶價格與一個便利商店便當差不多，但是喝珍奶後所獲得的飽足感，會讓她覺得不需要再吃晚餐。妹仔啊，你知道那一杯卡路里有多高嗎？

珍奶是年輕女性獨享的流行

珍奶主要吸引了十至三十歲的女性購買，除了口感吸引人外，又能貼文分享，紀錄自己跟上流行。而這輩子還沒喝過珍奶的日本男性其實大有人在（我的日本男同事，在婚後換工作來到我們公司才第一次嘗試），原因在於他們不知道該怎麼點餐，加上排隊的清一色都是年輕女性，覺得自己去買珍奶是件很尷尬害羞的事情。且小女生們也不希望自己去的珍奶店有中年歐吉桑在排隊，因爲在拍照時怕歐吉桑不小心也跟著入鏡。種種原因讓也想嘗試新事物的中年男子變得更加畏畏縮縮。我曾在網路上看過一篇三十歲的日本男性寫著關於他第一次踏進店家購買珍奶的經驗文，當他看著菜單，從順序一開始挑冰塊、糖度、大小杯，以爲一切順利過關。

此時店員問：「請問您要熱的，普通甜，小杯的什麼飲料呢？」

什麼飲料！！！？？？他忘了選要喝什麼茶……

最後勉勉強強的指著「阿里山烏龍茶」，但因爲不會發阿里山的正確日文唸法，只和店員說：「我要一杯烏龍茶」

店員：「請問要加珍珠嗎？」

嗯？所以不是所有飲品都有加珍珠啊……再經過重重難關後，這位先生終於喝到了一杯熱的、正常甜的珍珠烏龍茶。但是日本的熱珍奶大多用白色紙杯裝，完全看不到珍珠與茶色，最後阿伯的感想是：「我竟然買了一杯就算拍照打卡也一點都不好看的手搖杯……。」一回生二回熟，下次你可以的！

50嵐（國外都稱爲KOI）

用美食搭起友誼的橋樑

美食永遠是拉近兩人距離的好話題。

當滷肉飯、鹹酥雞、鴛鴦鍋等唾手可得的日常變成高不可攀的非日常，你還會想特地出門去覓食嗎？有些人會選擇自己試著在家重現「台味」，我則是寧可出去吃，交給專業的廚師，因爲那股無可取代的人情味，以及多年鑽研料理的熱忱，絕對比我邊看食譜邊做出來的要好吃一萬倍。

在十年前，台灣料理在日本還屬於稀有料理，日本人大概只能聯想到小籠包。現在終於進步到還知道有豆花、滷肉飯、珍奶。眞正由台灣人開設的台灣料理店如雨後春筍般出現，連知名觀光景點川越與鎌倉，都有台灣出生的老闆娘呢。

在異鄉的台灣美食，賣的是人情味

某天接近中午時，我在西荻窪採訪完店家後想著要吃些什麼，用手機一查發現這一帶有間台灣包子專賣店，雖然我住台灣時不怎麼吃包子，但此時不知道爲什麼就突然想嚐。因爲看過官網知道老闆是台灣人，於是我直接用中文點餐。

老闆：「妳是台灣人？」

我：「對呀！」

老闆：「天啊，我好久沒聽到台灣人說的中文了！」

我：「我還以爲很多台灣人來買呢？」

老闆：「因爲這邊比較偏住宅區，大多是附近日本居民或是後面大學的學生。」

我只點了一個包子，但是老闆卻開始將其他黑糖饅頭、珍珠饅頭也塞進袋子，令我相當吃驚。

老闆：「今天端午節嘛！好吃再來找我買，來聊聊天！」

我就這樣拎著滿滿的家鄉味上電車，回辦公室與同事們一起分享。

爲了答謝熱情的老闆，日後我再次造訪，只是這次是採訪他，聽他說故事。

老闆：「我希望這裡不只是家飲食店，還能成爲交流的場所，也能讓想家的台灣人解鄉愁。」我永遠都記得他那燦爛的笑容，哪天我想家了，應該又會坐上電車到西荻窪的「吉祥天」包子店找邱老闆了。

喜歡台灣的親切老闆娘

有一次我到名古屋出差，因爲採訪連續吃了一堆不同口味不同家的炸雞有點倒胃，在準備回東京坐新幹線之前，突然很想嚐點能暖胃的美食。剛好途中經過一家在賣台灣小籠包的店，蒸籠的香味實在太難以抗拒，於是就決定外帶一盒。等待過程中與日本店員阿姨聊天，才知道原來這家店是日本老闆開的，但是有幾位店員是台灣人，她自己也很喜歡台灣。

日本阿姨：「妳是來出差的啊？到什麼時候啊？」

我：「等一下就要坐新幹線回東京了，所以才想買點在車上吃。」

日本阿姨：「這樣啊，妳等我一下啊！」看她再度從蒸籠裡取出幾個不同口味的小籠包放進盒中。

日本阿姨：「來，這些也給妳嚐嚐。雖然不知道下次見面是什麼時候了，但如果你有來名古屋，記得再來坐坐啊！」

他們大方的待客之道與貼心的問候，和日本一般照著員工守則上的制式化應對截然不同。有時候覺得，自己能在東京工作持續如此久，是因爲有這些親切的店家拯救了我，在感到身心有些疲憊時，只要品嚐到台灣味，又能繼續奮鬥下去。也祝這些店家生意興隆，能持續默默以手作的家鄉料理守護每一位客人。

1.各式刈包　2.小籠包

3.滷肉飯　4.吉祥天包子店

待開發的素食文化

還需要一點時間才能被了解的素食習慣。

曾有幾位吃素的朋友來東京旅遊時，都遇到同樣的問題，那就是：「眞的不知道要去哪找素食吃？」，最後只能選擇便利商店的鹽味御飯糰充飢。

東京雖然到處都有異國料理，但因爲物資過於豐富，生吃海鮮又是江戶時代以來的食文化，以及相對於中華圈或印度等國家，日本在生活上較不受宗教信仰影響，所以幾乎沒有吃素的概念（就連日本和尚也吃肉喔）。

而素食無法快速在日本滲透普及的另一大原因，則是「害怕與他人不同」的國民性，在一個講求「和大家一樣，普通就好」，而非「自由且尊重個人主義」的社會，若和一群人聚餐，突然表示自己是素食主義者，相信大家的反應多半是驚訝，甚至還可能會被認爲有點麻煩；因爲無論是在餐廳的選擇上、或是請店家幫忙另外準備餐點，都要花上些時間，而使得日本的素食人口不到百分之五。

因此會想嘗試吃素的日本人，大多是爲了調養身體，不像其他國家大部分是因爲宗教或動物保護等原因。有次我到一間位於新宿的素食店餐廳採訪，主廚曾是一位專責海鮮料理的人，但在忙碌的生活步調下忽略了均衡飲食，住院好一陣子才恢復健康。出院後他開始吃素，身體變得較不容易感到累。爲了讓更多日本人了解吃素的優點，他每天都開發新的菜色，試圖改變大眾對於素食「清淡、吃不飽」的印象。

日本人：素食是什麼？可以吃嗎？

由於一般店家對於素食的定義不太理解，以爲只要沒有加肉就是素食，偶爾會發生「菜上面放了柴魚片裝飾」或「烏龍麵的湯頭用魚熬煮的」的尷尬狀況。我任職的公司有位吃純素的美國同事，之前全公司坐飛機要到有烏龍麵縣之稱的香川合宿時，她隨身帶著自己的全素特製醬油，結果到了機場時還被相關人員攔了下來檢查。

某次情人節時，日本男同事很貼心的準備巧克力給所有女同事（大部分日本男生覺得三月十四日才是男生回送女生的日子），事先知道美國同事吃素，特地另外買了一盒給她，在感動了一瞬間後，翻到背面商品說明一看，發現「含魚膠原蛋白」一行字，我和她面面相覷後忍不住大笑，決定把這個事實當作秘密不告訴本人。

素食者在日本的必備關鍵字

如果你是素食者，建議可以將這些常用單字記起來：

「ベジタリアン」讀音：bejitarian，蛋奶素

「ビーガン」讀音：bi-gan，純素（包括蜂蜜、奶蛋都不吃）
「五葷」讀音：gokun，五辛

「精進料理」（讀音：shojin ryouri）指的是給在寺廟修行的僧侶食用的料理，不使用肉類與魚類，只使用植物、穀物，也不添加五辛，達到修身滋潤心靈、同時補充營養所需的作用。精進料理通常會使用當季食材來製作，其中不乏以大豆製成的豆腐或豆皮等食物。有不少日本的寺廟，目前也對外開放提供精進料理，吸引各國旅客體驗自古以來日本的傳統食文化。

事實上東京在這幾年提供素食的餐廳越來越多，如全素擔擔麵、全素拉麵、全素甜點店等，就連阿夫利拉麵與Royal Host樂雅樂家庭餐廳都相繼推出全素菜單。印象中很深刻的是，漢堡王拍了一隻全素「不可能華堡」的廣告，找來平常愛吃肉的一般客人試吃，在看著他們津津有味吃完後，才告訴他們這是植物肉做的，每個人的驚訝表情，經典到令人忍不住大笑。可惜這項產品尚未在日本上市，不過若想嘗試非動物性蛋白質的肉排漢堡，不妨可以到日本的摩斯漢堡點份大豆系列的漢堡喔。

雖然素食者出國旅遊時，的確得花些時間做功課，在網路上搜尋三餐著落，但這些店家細心烹飪的料理，美味到眞的非常值得親自造訪（註四）。

「有機」是一種魔力

另一方面，大家若有去逛日本超市，就會發現現在多了「有機蔬菜區」，特別是在地段較昂貴或給人「成熟大人風」印象的二子玉川、中目黑等地區，都紛紛引進從巴黎起家的有機連鎖超市。舉凡有機麥片、有機咖啡豆、有機果汁都是熱銷的商品，似乎「有機」這兩個字有種魔力，讓人有可以提升生活品質、吃了就能擁有健康的感覺。事實上，世界各地對於有機的定義仍沒有統一的標準，不過大多是指食品在生產過程中，會追求生態平衡與保護生態多樣性。我自己就很常購買鳥類友善咖啡（bird friendly coffee），意指種植多個品種的咖啡樹，提供鳥類更適合的棲息地，同時在盡量不砍伐樹林的狀態下，同時做到水土保持，也讓咖啡風味更上一層。就算喝了不一定就比較健康，但能透過消費行爲，爲這個地球盡一份小小的心力也很開心。

註四：素食者若想到日本旅遊，推薦可搜尋日本素食餐廳網站：素伴 vegmate.net

1.有機咖啡豆　2.法國有機超市進軍日本

在車上暢飲的時刻

長途車程上用啤酒配便當的放鬆時刻。

雖然東京並沒有明文規定電車上禁止飲食，偶爾還是可以看到有人大口咬漢堡的景象，我甚至曾看過有人『屹立不搖』站著吃泡麵，就算戴著口罩都聞得到那股香味。不過因爲非長距離移動，電車也很擁擠，想好好用餐實在很難，也可能一個不注意就灑在地上或干擾到其他乘客。

然而新幹線就恰恰相反，是一個大解放的乘車時光。一看就是要出遊的人會將鞋子脫去，端出剛剛在車站買的便當開動；而穿著一身西裝套裝、旁邊可能還有上司與同事的上班族則會拿出筆電，一邊啃起飯糰一邊灌寶特瓶綠茶。

至於回程，我常常坐新幹線出差到日本各縣市採訪，無論是星期幾返回東京，新幹線上總瀰漫著啤酒味（笑）。無論是在出差當地買的啤酒，或是月台上隨意買下的定番品牌，只要新幹線發動，打開拉環的聲音便此起彼落，而且不只大叔，就連妙齡女子也會獨自默默開喝，好似在慰勞自己整趟行程的辛勞，與自己說聲：「辛苦了！」的儀式。不過我純粹不想一直跑洗手間，所以盡是買些零食、冰淇淋與汽水來代替酒精。

在新幹線上向富士山乾杯

另外，搭乘東海道新幹線時，不少日本人會因爲想看富士山，在事前訂位便特別選擇靠窗的座位。此新幹線是三列與兩列座位，分成A到E，如果想看富士山，選E列的話，無論是新大阪到東京還是反方向，只要幸運遇到好天氣，就能在行經新富士站時，看到頂端積著白雪的壯麗富士山。雖然要捕捉到絕佳的畫面只有幾秒的時間，但很明顯可以聽到車廂前前後後都是快門聲與「你看！是富士山，好美喔！」的讚嘆聲。啤酒配富士山，或許是搭乘新幹線特有的享用也說不定呢。

新幹線限定的富士山美景

乘客雀躍地拿出手機拍下富士山

買雞過節的時刻

一定要吃到炸雞與草莓蛋糕才叫聖誕節。

在聖誕節這天，從早到晚都可以看到有人在排隊買烤雞、炸雞與草莓蛋糕。尤其是肯德基的店門口，店員還得站在冷颼颼的外頭臨時擺攤拼命叫賣。

在國外，比較常見的聖誕節大餐是全家人聚在一起吃烤火雞，而日本明治時代之後，雖然「聖誕節」對日本人來說已不算陌生，但火雞在當時可不是想吃就能吃到的食物，因此取而代之的是一般的烤雞。到了一九七〇年代時，肯德基正式進軍日本市場，據說某天有位住在日本的外國人想慶祝聖誕節，但因為找不到火雞，覺得「沒魚蝦也好」，就跑去肯德基買了炸雞享用。當時肯德基的業務負責人因此得到靈感，決定推出「聖誕節就是要吃肯德基」的廣告來做宣傳，沒想到此舉影響全日本至今超過五十年，若在這天想要吃到肯德基可以說是難上加難！

而另外一項讓大家在聖誕節爭先恐後想買到的食物就是草莓蛋糕，這一切可以追溯到百年前日本甜點界「不二家」創始者的故事開始說起，一九一〇年代初期，洋菓子在日本還是非常稀有的甜點，很少日本人願意光顧上門購買。創始者因此決定遠赴美國進修，歸國後嘗試依日本人喜愛軟綿口感的偏好，開發了草莓蛋糕，並作爲聖誕節的主打商品。對日本人來說，草莓紅與奶油白的視覺色調正好象徵紅白吉利，因此開始大獲好評。

某年聖誕節當天，一到下班時間，我立刻按下打卡鍵衝出門搭電車去採買這兩樣食物。第一站來到上野的百貨公司地下街，所有販售烤雞的店都是門庭若市，蛋糕櫃更誇張，一路排到通往地下二樓的樓梯。由於不想花時間排隊，決定退而求其次，選擇了完全不用排隊、賣著日式炸雞塊與炸雞腿的店。順利買完後，再快步走到上野車站內尋找蛋糕蹤影，沒想到這裡幾乎只剩下慶祝生日用的大蛋糕，摸摸鼻子搭車到秋葉原站後，決定將最後一個希望放在月台上總是經過、但從沒買過的蛋糕店。雖然有排隊人潮，但很快就輪到自己。一口氣貪心的買了兩塊蛋糕後，終於可以心滿意足的回家。

其實這些美食在平常的日子也吃得到，但總是令人忍不住爲了應景享受一下過節的氛圍，而默默地跟著排隊，也許因爲排隊所帶來的腿痠，能讓自己在開動時嚐到比平常更香甜的滋味吧！

在家慶祝聖誕節

六本木的聖誕燈飾

冬至限定的習俗

異鄉人不約而同到此一解思鄉之情。

在台灣迎接冬至的這天，有許多家庭會準備傳統湯圓，和家人一起享用，度過一年之中白晝時間最短、夜晚最長的日子。但日本並沒有在冬至吃湯圓的習俗，因此想吃還得特地出門去一趟台灣料理店或中華食材超市才能買到。

小時候我並沒有那麼喜歡吃湯圓，但媽媽總會在當天晚餐端出一鍋加了香菇與蔬菜、看起來非常營養健康的鹹湯圓要大家喝。自從我獨自在日本生活後，也因爲懶得備料，常常是在開了電視後看到可愛的水豚們在泡柚子湯一副享受的樣子，才想起原來今天是冬至。

日本過冬至的方式，就是在這天吃南瓜與泡柚子湯。由於夏季採收的南瓜，只要妥善保存就能持續放到冬季時再拿出來食用，因此從以前日本人便認爲在這天吃南瓜，就能「長壽」，而且因爲南瓜本身富含營養，有預防感冒的效能，讓大家深信接下來便能身體健壯的度過寒冷冬季。

而在冬至泡柚子湯的習俗則從江戶時代流傳至今，當時的錢湯澡堂爲了吸引客人上門光顧，開始限定在這天於澡池內放滿柚子，整間澡堂頓時充滿柚子獨有的清香。其實冬至的日語發音（touji）正好與具有以泡湯療養身體的「湯治」的發音相同。柚子的香氣象徵避邪，加上柚子果皮含有豐富維他命C，不但能美肌還可以促進血液循環，因此久而久之大家也就開始習慣在冬至當天泡泡柚子湯，暖和身子度過漫長的冷颼颼夜晚。

因爲疫情而無法回台灣的這段期間，我變得特別想念台灣的食物。冬至這天突然非常想吃湯圓，於是趁著午休到春水堂點了碗芝麻生薑湯圓。雖然我才剛吃了一碗酸辣湯麵和一杯珍奶，在肚子撐到不行的情況下，還是想把眼前這碗珍貴的湯圓吞下肚。

店裡陸陸續續來了幾組華人，大家都不約而同的點了份湯圓。雖然是從未見過的陌生人們，但此時我們的思鄉情懷皆在每一口家鄉味中化開。

吃蕎麥麵跨年

——年菜好不好吃是其次，重點是討個吉利。

在年末的最後一天，日本沒有燦爛的煙火或熱鬧的演唱會，通常是習慣吃著蕎麥麵、一邊打開電視看紅白歌唱大賽或搞笑節目，就這樣默默的迎接明年到來。

跨年吃蕎麥麵的習俗據說是從江戶時代流傳而來，接近歲末時，正是商人們最忙碌的時期，爲求快速方便，很多人開始選擇吃富有營養價值又能飽餐一頓的蕎麥麵。而在現代，則因蕎麥麵細長又好咬斷，有了「延長壽命」與「斬斷厄運」的象徵。跨年這天，可以看到蕎麥麵店門口，從中午就是大排長龍的景象呢。

除夕吃的是味道濃重又冷冰冰的年菜

日本的年菜是我住在東京這麼久還是難以習慣的飲食文化之一，因爲眞的沒聽說過身邊住在日本的台灣人覺得好吃啊。

由於年菜是幾乎只有在家庭一起相聚過新年時才會出現的料理，因此直到這一兩年我到日本朋友家過年時，才終於有機會見識傳說中的豪華年菜。年菜會使用多段的木箱盛裝層層疊起，疊越多代表越吉利越福氣，但荷包可能就陷入一片灰暗，平均一人份的年菜約一萬日幣，像朋友是大家庭，七個人以上大概要花三萬日幣跑不掉。

第一次到友人家拜年時，一進門就看到閃閃發光的年菜們已擺好在桌上，年菜的外表的確有各種典雅的色澤，顯得非常可口，但在選了幾個黑豆（象徵長壽健康）、伊達卷（象徵擁有學問與教養）、栗子（象徵財運旺）、紅白相間的扇形魚板（象徵除魔淸淨）夾起來吃後，發現每一道都冷冰冰、味道還很濃重。尤其自己是生平第一次吃冰冷的魚板，由於早已習慣在關東煮與烏龍麵等熱食時食用，因此那魚板的口感帶來的衝擊很大，而且還是沾醬油與芥末，內心吶喊著：「這又不是在吃生魚片！」的我，終於忍不住偷偷問朋友：「眞的只有冷菜嗎……？」

沒想到朋友很直接的問媽媽：「媽，沒有熱的嗎？」友人媽媽似乎察覺到後，立刻煮了一碗熱呼呼的味噌湯，讓我反而覺得很不好意思，但也有了胃被拯救的感覺（笑）。

之所以都是冷菜，據說是因爲在新年期間爲了迎接歲神，不宜以燉煮的方式烹飪食物，因此多以能保存多天的漬物與乾物爲主；另一說則是爲了體恤總忙進忙出的主婦，加上新年期間很多餐廳都沒有營業，若有可以隨時從冰箱拿出來享用的年菜就不用一直下廚。

第二年當我再到朋友家拜年時，已不見年菜蹤影，倒是變成朋友的爸爸前一晚拼命做的餃子與沙拉。

炸雞的日式吃法

日式炸雞加檸檬VS直接吃，你是哪一派？

到夜市買香腸時你會加蒜頭嗎？吃鹹酥雞時你喜歡加九層塔嗎？不管在哪個國家，一種食物總會因個人喜好延伸出許多不同吃法。在日本爭論最大的分別是咖哩飯與日式炸雞。尤其是日式炸雞常出現在居酒屋或聚餐的菜單當中，當有人在未經過別人同意下先擠檸檬汁在炸雞上，很有可能馬上就被認爲是很「無禮」的人。由松隆子主演的日劇《四重奏》，甚至將這樣的論點衍生成一段經典劇情呢！

其實不管是哪一種吃法都非常美味，根據專家表示，吃炸雞時什麼都不加就覺得好吃是很正常的事情，甚至可說是一種本能，因爲食物只要經過油炸就會散發出無法抗拒的香味。之所以不想加檸檬，有可能與從小在「酸味」的味覺經驗有關，酸味在我們小時候是較難馬上喜歡且接受的味覺，如果沒有時常接觸，或許到了長大後還是會排斥酸味。

而喜歡加檸檬的人，可能是因爲非常享受檸檬帶來的清爽，等檸檬風味消逝，原本的炸雞美味度再度回升，讓人有更好吃的錯覺。至於我呢，完全看心情，可加可不加，反正好吃就好。

咖哩飯要拌醬吃還是跟白飯分開吃呢？

咖哩飯的爭論在於拌勻混著吃與分開吃兩種，很多人認爲混著吃看起來很髒，分開吃才能提升食慾。殊不知大阪第一間開設的洋食店「自由軒」，最有名的一道料理便是飯與咖哩醬混在一起、上面還加了顆生蛋的名物咖哩飯。

離現在約一百一十年前在自由軒創業之初，因偉大的電鍋尚未被發明，因此無法隨時提供給客人熱騰騰的白米飯，爲了讓大家吃到不會馬上冷掉的咖哩飯，於是店主經過多次研究下，終於推出這道端上桌時就是混在一起的咖哩飯。

網路與電視節目也多次討論關於吃咖哩飯的喜好如何看出個性的話題，其中有一說爲，若一開始就大喇喇的將咖哩與飯混在一起吃的人，個性比較豪爽、做人大方，喜歡請大家吃飯，但較不懂得如何省錢；而完全分開來吃的人，就算過得不富裕也不會因此感到不方便或有壓力，也不會特別追求奢華的生活。

至於每一口都小心翼翼測量比例、搭配一點咖哩與飯吃的人，則屬討厭浪費揮霍金錢、但在戀愛中容易盲目、會不小心爲對方付出許多花費也說不定的個性。雖說如此，在東京還眞的比較少看到會將咖哩拌飯吃的人呢。

1.日式炸雞　2.咖哩飯

沒有飯後水果的日子

日本人沒有吃水果的習慣，卻熱愛水果三明治。

自從有記憶以來，只要在家裡吃飯，飯後媽媽一定會端出水果到客廳給大家吃。每次陪她去傳統菜市場買蔬果時，看到她完全不手軟的卯起來挑水果都很納悶，我們家眞的有吃那麼多份量嗎？

然而來到東京居住後，雖然白草莓、富士蘋果、巨峰葡萄、小玉西瓜看起來都非常可口，但是那價格也是看了就先倒退一步。

而且其實日本的水果種類並非像水果王國台灣那麼豐富，我最愛吃的芭樂、蓮霧在日本因氣候關係難以種植，所以日本人一生都沒吃過這些水果也很正常。

我和台灣同事們常常會帶香蕉與小番茄去公司當嘴饞的點心或早餐，到日本各地出差回來時，偶爾還會帶當地的特產水梨、蘋果、蜜柑分給大家，但卻從沒看過有日本同事帶過水果，甚至連果汁都沒在喝。由於實在太好奇，有一天我問朋友：「你從小到大在家吃飯時，家裡會準備水果嗎？」他說很少，少到沒什麼印象。後來上網研究了一下，根據一份訪問全國四百名二十至四十歲男女性社會人士的問卷調查，發現雖然日本的厚生勞動省與農林水產省鼓勵民眾至少每天攝取兩百公克的水果，但知道這項標準的人不到百分之二十，每週吃不到一次水果的人高達百分之五十以上，完全不吃的也有百分之二十以上。而不吃水果的最大原因竟是「價格太貴」，其次為「覺得要切要削很麻煩」，再來是「本來就沒有吃的習慣」，這數據真實得令人驚訝。

水果入甜點很可以

不過日本人其實並不討厭水果，甜點界繼厚鬆餅與生吐司之後，新寵兒變成水果三明治，斷面完美到令人捨不得咬下的水果三明治，是日本網美們最佳的上鏡道具。這也引起一些原本代代只做八百屋（蔬果店）的店家兼賣起水果三明治，由於店裡的水果本來就都是長期合作的農家直送，加上擁有篩選水果的多年經驗，因此可說是非常成功的轉型。

綜合水果三明治一次使用多種水果切片，色彩相當鮮豔又具有美感，在東京通常一份要價六百日幣以上，有的甚至高達千圓日幣。儘管如此，大家還是願意買單，畢竟購買的理由是爲了跟上流行，又能與朋友共享下午茶時光，看起來卡路里少比較沒罪惡感，還可以順便吃到水果啊（笑）。

1.水果三明治　2.台灣香蕉　3.台灣芒果

當地才有的便利商店美食

在各地的便利商店裡可以買到當地限定的商品，是旅遊行程的一大亮點。

每當我有機會「踏出東京」以外的城市與鄉鎮時，一定會在晚上回飯店休息時逛一趟當地的便利商店。就算是跟團出差一起行動，也會請司機大哥停在便利商店門口一下，讓我們下車買些補充水分、解嘴饞的食物，同時在店內進行一趟小觀光。

日本的便利商店非常理解消費者的心態，也在爲了迎合當地居民需求與取悅來自外地的旅客中，積極設想商品的擺設位置與販售商品的類別。即便是日本三大便利商店，在各地店鋪販售的商品也有所變化，**從食物中就能大致了解一個地區的日常食文化。**

看準旅遊商機，便利商店工廠在地化

其中沖繩就是一個特別明顯的例子，超有份量的豬肉蛋飯糰、紅芋冰淇淋與泡盛咖啡及香檸汁等，都是融合當地日常飲食習慣和特產而推出的商品。在二〇一九年之前，沖繩是日本全國唯一沒有7-11店鋪的地區。原因在於沖繩人口增加緩慢，旅客平均一人消費金額的成長率也一直處於停滯狀況，直到近年因一股從外地移居到沖繩的趨勢而開始有了改變。

7-11看準了這波商機，爲了能和另外兩大便利商店做出差異性，直接在當地興建製造工廠，以做出符合在地人胃口的自家品牌便當與小吃爲最大賣點。二〇一九年七月十一日，一口氣在沖繩開張十四家店鋪。看到電視新聞報導當地居民一早就在門外排隊的畫面，讓我想到當初第一家牛丼連鎖店「すき家」在台北開店時也是大排長龍的景象。

秋冬的關東煮也充滿各地特色

在秋冬時，我特別喜歡觀察各地便利商店的關東煮，一般在東京常見的多爲白蘿蔔、蛋、高麗菜捲、豆腐等。曾在福岡看過餃子捲，也曾在沖繩看過豬腳。另外牛奶也是總讓我忍不住掏出荷包的商品之一，雖然喝過多個縣市的牛奶後，完全無法分出勝負與差別，但以銅板價品嚐當地自產自銷引以爲傲的食物、欣賞有質感的外包裝設計，對我來說就像是一種旅遊儀式與收集遊戲，才有一種「到此一遊」的充實感。

輕井澤便利商店的味噌煎餅

北海道便利商店限定的漂浮汽水

不迴轉的迴轉壽司

迴轉壽司原意是爲了減少人力成本，卻反而增加食物浪費。

雖然能在各個國家都品嚐到壽司，但在日本吃到的食材鮮度與美味還是無人能及。想保住荷包但又想大快朶頤這江戶美食的話，當然就是選擇迴轉壽司。但是迴轉壽司在這幾年出現了巨大的變化，那就是「不迴轉」了。檯子仍留著，只是不再讓壽司無限迴轉，取而代之的是請顧客以平板點餐，餐點做好後便會放在「特急」軌道上以旋風的速度送到顧客面前。

之所以下如此大決心改成不迴轉的方式營業，是因爲會說話的數據顯示，直接點壽司的人竟然比從旋轉檯上取壽司的人還多。本來迴轉壽司這經營模式是爲了持續提供物美價廉的海鮮的同時，也希望能減少人力成本，以及增加一點用餐的娛樂性質因而誕生，但是不斷迴轉的壽司難免會隨著時間減少鮮度，最後落得全數丟棄的下場，而顧客也因顧慮衛生問題而寧願選擇單點，至少知道那一盤壽司是只爲自己而現做的「鮮食」，因此業者才開始認眞思考兩全其美的改善方案。

元氣壽司在二〇一二年於澀谷店作爲「不迴轉」的試驗一號店，一開始無論是顧客或店員都無法立刻習慣，但久而久之便逐漸普及，此舉使得利益收入成長了百分之二十以上。甚至還減少了店員在計算盤子數量時出差錯導致虧損的機率。

異軍突起的藏壽司

在台灣也有開設海外分店的「藏壽司」卻選擇繼續保留迴轉型態，由於藏壽司本來就有獨家引進「鮮度君」蓋盤，能讓壽司在送到餐桌前仍維持鮮度，並能減少空氣中的細菌接觸餐點。因此在面對新型冠狀肺炎期間，除了加強消毒與間隔擴大外，幾乎能以不變應萬變。

而藏壽司於二〇一九年在淺草開設了世界旗艦店，兩百五十五坪的空間寬敞到讓人完全拋開過去對迴轉壽司店人擠人的印象。坐在高架小木屋內享用壽司，感覺意外新鮮。藏壽司還設有很多在神社寺廟舉行「緣日（註五）」時會出現的屋台遊戲，造訪當天還看到一群西裝筆挺的上班族玩得很起勁呢。

藏壽司也特地請到了設計UNIQLO品牌而揚名國際的佐藤可士和（註六）監製制服、裝潢等所有視覺設計，希望讓店內整體更顯得國際化又不失日式美感。

我因爲不太敢吃生食，每次去時都只能點熟的甜蝦、玉子燒、炙燒鰻魚、豆皮壽司，偶爾還會點拉麵來吃（CP值超高眞心推薦），陪我去的朋友們納悶我到底去迴轉壽司幹嘛？我想就是因爲很享受等待餐點迴轉到自己面前的那股期待以及「特急」送餐的快感吧。

藏壽司淺草店

鮮度君

根室花丸

註五：緣日是指進行供養或祭祀神佛的日子，因神社和寺廟在這天會湧現眾多的參拜者，因而攤販們看準商機，紛紛前來設攤。緣日有點像台灣的「廟會」，可在這天感受日本的傳統攤販和夜市。

註六：佐藤可士和是日本的知名平面設計師，也是大學客座教授，除了UNIQLO的空間設計，也擔任日本7-11的商店logo、偶像專輯與電視節目等設計，是國際知名的設計總監。

紓壓的動物咖啡店

動物咖啡店是讓壓力大的日本人有一個療癒的好去處。

日本有許多貓咪、貓頭鷹、刺蝟以及比較稀有的企鵝、兩棲爬蟲類、兔子、甚至還有整間都是短腿曼切堪貓的動物咖啡店。動物咖啡店之所以如此盛行，是因爲日本職場社會造成的情緒壓抑比大部分其他國家來得嚴重，因此在沒有時間也沒有餘力照顧動物的情況下，便出現了能短暫療癒心靈、隨時都能造訪的動物咖啡店。

其實在來日本居住之前，我是非常怕狗的人，只要有狗接近或突然吠了幾聲，我就會逃之夭夭。但是就在某個秋日的午後，我獨自在神宮外苑的銀杏樹下散步時，遇見了牽著柴犬的一對老夫婦。他們上前問我是否能幫忙拍張照，我接過相機後，他們便把柴犬抱起，好讓柴犬也能一起入鏡拍全家照。也許是因為那畫面非常幸福快樂，從此讓我不再怕毛小孩，甚至主動願意撫摸玩耍。每當我媽看到我如此興奮的跑去陪鄰居家柴犬玩時，她都說：「妳真的是我女兒嗎？這變化也太大了吧！」

讓不能養狗的租屋族滿足一下的好地方

雖然很想在未來的某一天牽著柴犬一起賞櫻，不過現在生活得克服許多問題，除了平日工作繁忙，租屋市場基本上很難找到接受養狗的房子（養貓倒是接受度頗大），就算接受也得每個月多繳一萬到兩萬日幣的房租，原因在於狗吠聲與在屋內跑跳可能會影響鄰居生活，所以通常很多房東都不太想把房子租給有養狗的人士。而搬離時，若發現房內地板或牆等地方有損毀處也得賠償。

養狗這件事情雖然無法馬上實現，但豆犬咖啡店讓我有機會可以近距離且較長的時間能接觸了解柴犬。有一次我邀朋友一起到淺草的豆犬咖啡店體驗，體驗一次是半小時，大人費用爲八百八十元日幣（含一杯飲料）。店內設計成昭和風格的日常家庭風景，有矮圓桌與榻榻米、復古的電視機及播放著屬於那個年代的懷舊歌曲。所有人都必須坐在榻榻米上，不能主動去抱豆犬，只能等有緣的豆犬自己過來討摸，或是由專業的店員指引豆犬靠近。去的當天看到不少家長帶著小孩來體驗之外，也有看到女子獨自前來，豆犬毫無警戒的睡在女子大腿上，無論是豆犬還是女子，表情看起來都很祥和。由於這裡飼養的柴犬種類爲豆柴，因此體型相當嬌小，光是看著牠們熟睡的臉孔與稍帶點調皮的眼神，我就已經在這半小時內被融化無數次。

二〇一九年開始興起一波豆柴風，柴犬咖啡店在日本全國迅速展開超過十間店，大多開設在嵐山、倉敷、嚴島、原宿等知名的觀光景點周邊。如果你也是想養柴犬或喜歡柴犬，但一直沒有機會靜下來試著接觸的人，不妨可以體驗一次看看。只是要切記拍照留念時不能使用閃光燈，也不要強行接近

或觸摸柴犬，盡量在自然無壓力的情況下快樂的相處吧。

疫情之下

提倡外帶與電子化的過渡期 大家都努力適應著

使用電子支付的行爲將會越來越普及，一起跟上腳步吧！

在新冠肺炎影響下，外帶與叫外送有高漲的趨勢，間接改變了日本人的消費習慣，還有因爲日本從二〇一九年開始調升消費稅，如果在便利商店或超市裡購買食物，想當場內用的話就必須付百分之十，若外帶則是維持百分之八。這決定完全苦了店員，必須再三確認客人要外帶還內用，或是請有良心的客人拿著「我要內用」的牌子先去結帳。

而部分中小企業與連鎖店也爲了提倡電子支付，在二〇二〇上半年推出「以信用卡支付可折百分之二或百分之五」的緩衝期優惠，此舉使得仍然以現金消費爲主的日本社會，大量出現各種行動支付與電子支付方式。

某天下班後我到一家連鎖拉麵店用餐，瞥見隔壁一群公司社員排隊等結帳的過程：

同事1「我要用樂天信用卡付」
同事2「我要用LINE PAY」
同事3「我要用paypay」
同事4「我要用西瓜卡」
同事5「我用現金付」
眞佩服店員的隨機應變能力。

這也讓我想起了某天一位外國籍店員在幫日本客人結帳，由於她似乎還沒熟悉信用卡支付的操作方式，因而花了點時間，日本歐吉桑卻突然改變語氣：
「妳到底會不會啊？趕快叫其他人來用好嗎？」
排在後面的我心想，如果是你得面對這麼多支付方式，你眞的不會手忙腳亂嗎？
輪到我時，我決定選擇現金支付，那位店員露出了鬆一口氣的表情。

事實上仍有許多店家僅接受現金，原因在於店家認爲要導入對應機台，還得花時間教店員如何操作都很麻煩，如果在用餐尖峰時間出了什麼差錯，不但會影響出餐效率，還可能讓客人等到不耐煩。有一次友人在家附近的餐廳用餐，傳訊息過來要我去解救他，原來是他忘了帶錢包，偏偏這家店只收現金，結果我只好出門當個「行動錢包」跑去付帳。

現金沒有不好，也有可能發生店員算錯金額、以及因多人接觸造成衛生上的問題。疫情也讓星巴克開始擴增「完全不收現金」的分店數，或許再過幾年，在東京「一卡在手」輕鬆消費購物的狀況會變得更普及吧。

第二章 仕事
しごと

在國外工作，千萬別忘了初衷，
也別忘了好好做自己。
要讓他們知道你不只是一個會說中文的同仁，
還是一個工作能力好、能創造自我價值的台灣人。

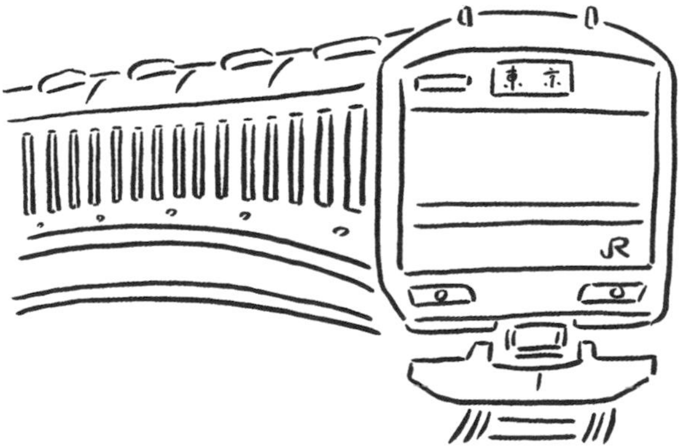

不敢下班的糾結時刻

下班時間到，大家總在等待別人先起身。

我曾在台灣工作過一年，於某出版社的日系雜誌分部擔任日文編輯。當時看到其他編輯與業務同事們（除了美術），只要一到下班時間，就會很準時的到打卡機前排隊打卡下班，那時候其實並沒有多想什麼，直到在日本上班後，才開始覺得自己以前眞該更珍惜那段日子（笑）。

在台灣，幾乎每位同事（包括上司）都可以稱呼對方的暱稱。早上走進公司和座位附近同事打招呼，在座位上邊吃早餐邊收信，下午找大家團購訂珍奶雞排，和同事聊家務事或失戀煩惱，晚上約唱歌吃燒肉，以上這些建立在美食與人際關係的辦公室日常，在日本皆屬少見。

日本的職場文化雖然沒有如日劇《半澤直樹》(註一)那樣灑狗血，但像日劇《我要準時下班》(註二)的女主角那樣做自己的人仍然佔少數。日劇讓我想到自己初期的日本職場生活，例如表定六點半下班，主管卻突然問我是否能在六點開個會，當時還是新進員工的我也不太敢多說什麼，但等到彼此相處時間久了，外國員工也漸漸變多，久而久之就知道彼此的界線地雷、在意的事情是什麼。我發現只要好好將工作完成，並實際做出成果，日本人就會將一開始的不信任、擔心、猜忌完全自動化解，並且全數任你自由發揮。在拼了一段時間後，我也從怯於說不、到勇於主張我要下班了、進化到他們絕對不會選在太晚的時間開會，這期間可是歷經了幾年的時間呢。老闆甚至偶爾還會跟客戶介紹我時，跟對方說：「Miho桑她都準時下班的！」。

下不了班的職場潛規則

在我以第一個外國員工身份剛進公司時，一開始的確吃了不少苦頭，日本員工不知道該怎麼和我相處，因此也只能先套用日本規則。有一次我不小心遲到一分鐘進辦公室，一進去就先道歉，然而主管什麼都沒說，卻在事後和老闆報告。進行會議時，一接近開會時間，另一名日本同事就坐在會議室裡帶有警告意味的說：「日本人很重視守時的。」這些眉眉角角都讓我汗顏不敢再犯。但是相反的，只有「臨時開會」與「下班時間」，他們沒有去在意時間。

前一陣子引起熱烈討論的日劇《我要準時下班》，在我看第一集時就不小心在螢幕前落淚，這淚並不是因自身而流，而是整個日本社會仍然存在著這樣不近人情的體制。晚上與客戶吃飯、參加派對等，這些都是變相的加班，而且還不一定有加班費，然而爲了想努力向上爬、博得上司重視信賴，或是不被其他同事說你不合群，很多人還是選擇默默過著這樣的職場生活。

總搭末班車的日本人

我在日本待的公司都還算白色企業（註三），不會強迫加班或散發出「難以離開辦公室」的氛圍。距離日劇裡新人一定要提前半小時到，最後一個下班的劇情實在有點遠（還好沒在現實中發生）。不過曾在其他公司待過的日本同事對我說過：「眞的很謝謝你們都比較早下班，讓我也比較敢早點下班」，這句話給了我相當大的震撼，因爲當下其實我內心吶喊著：「你要幾點下班就幾點下班，那是你的自由與權利啊！」

有一次因緣際會與同樣在東京打拚的台灣女生們一起工作，聊到關於加班這件事，有人說她幾乎每天坐末班電車回家，有人說她一到繁忙期，晚上十一點才到家是家常便飯。骨子裡熱愛旅行的他們，因爲工作過於疲乏，假日時多半選擇宅在家休息。我聽了有些難過，因爲這代表著工作已經影響了生活品質，問他們爲什麼還想繼續待在公司？有的表示因爲好不容易有了現在的成績又還算資深，如果跳槽到別的地方又得從零開始，從最菜的當起；有的則說根本忙到沒時間找工作。另一個最大的原因在於「不是只有自己在加班」，那股大家都在奮鬥、我怎麼可以先下班的氛圍才是可怕無形的壓力。無論如何，我們都有權利選擇，不是嗎？

註一：《半澤直樹》是由系列小說所改編的電視劇，描寫一位銀行員在內部階級鬥爭與外部敵對企業鬥智的過程，因大快人心而爆紅。

註二：《我要準時下班》的故事為一位重視私人生活時間、同時也追求工作效率的上班族，為了堅持準時下班而面臨許多職場文化的挑戰。

註三：與慣性壓榨職員勞動價值的黑色企業相比，公司環境好、體貼員工的企業則被稱之為白色企業。

爲了顚覆日本職場文化，我們這群台灣同事總是努力籌備固定聚餐與下午茶

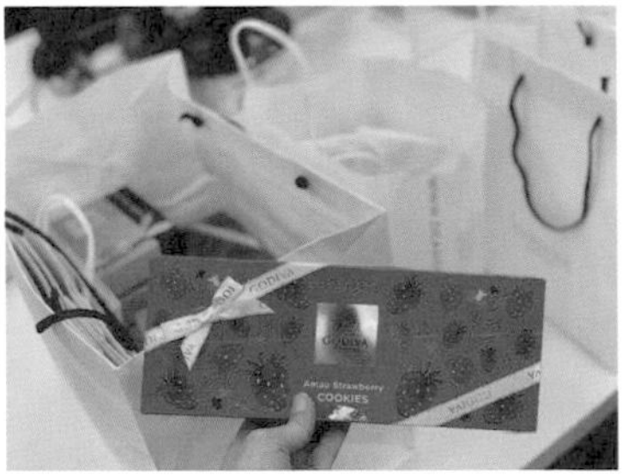

員旅也是工作時刻

日本公司『招待』員工無極限，爬富士山也是爲了對公司有所貢獻！？

如同大家所知，在每個國家都有所謂的黑心企業。這黑心不僅是指嚴重加班問題，還包括一些離奇可笑的制度以及不可理喻的對待。在聽過身邊衆多例子裡，讓我印象最深刻的便是每年規定非得要爬富士山並寫心得的公司。這家公司規模不小，旗下的子公司成長速度很快，看官網時還一度覺得企業氛圍相當和樂融融，而且還有可愛的毛小孩入鏡。但在實際上聽了曾任職於此的朋友們訴說後，我只能說好險她們離開了。

雖然每年都得一起去爬富士山或其他戶外活動，聽起來或許很新鮮又有機會與其他同事交流，但還得遞交「心得」。我那可愛的朋友天真的以爲，只要交上爬山心得就好，結果一交出去，換來主管一句：「妳怎麼可以寫這種東西？妳要寫一些因爲爬了富士山，收穫很多，以後可以運用在哪個層面上爲公司努力啊！」。而好不容易寄送出去後，再度被駁回碎念：「妳副本那些信箱，要按照部長、課長、主任等主管階級的順序排列啊！」於是朋友翻出她進入公司後可能從沒實際見過本人的「主管名單」小心翼翼的排列，卻發現「那如果課長有兩位呢？」的問題。這下主管回答：「那就看他們誰資歷比較深，比較早進公司啊！」，當然朋友當下在內心翻了無數個白眼。

且這家公司還有「社歌」(註四)，全國分社會有一天舉行線上開會儀式，大家在辦公室內穿得比平常更正式，只爲一起唱社歌。（請問你還記得母校校歌怎麼唱嗎？）每天午休時間一到，鐘聲便會響起，而在第二個鐘響前若尚未出現在座位上就會被注意。

難以接受的冰冷言語

不過最可怕的並不是這些迷樣制度，而是言語暴力。當時還任職於那間公司的朋友，在某次會議中聽到另一位來自中國的同事，直接在大家面前被主管臭罵：「妳這顆爛蘋果！」，而朋友本身則因爲開過重大手術，在做一些肢體勞務時都需要特別小心與盡量避免，然而主管卻冷淡的表示：「如果連這種小事都不會，到底還會做什麼？」在經過幾番掙扎，過著夜晚回到家一邊流淚一邊燙著明天要穿的套裝襯衫的苦悶日子後，她終於決定離職，並且以「對，反正我就是身體不好，就讓我辭吧！」的正面反擊心態成功瀟灑的離去。

註四：社歌是日本企業在數十年前藉由公司專屬主題曲來凝聚員工向心力的一個風氣。雖然隨著時代一度沒落，但近年來為了貼近新生代員工，又吹起一股新風潮，曲風也逐漸年輕化。

富士山想爬的時候再爬就好，用看的也很美不是嗎？

異鄉人的悲歡時刻

老一輩與新生代的日本人對待外國人的態度大不同。

日文有個常用語「あるある」，意思爲在某些特定情況下常會發生的事情。例如平常看到那麼多計程車經過，偏偏急著要搭計程車時怎樣都不來！或是不管在哪個業界，營業部與製作部總是會爲了現實及理想碰到意見不合的狀況，這種時候我們就會說「あるある」。

我在日本平常主要的工作爲到各地或店家採訪並撰寫成文章。除了客戶指定的廣編稿以外，平時我可以自由選擇想採訪的店家。在互惠的條件下，雖然採訪當下是以日文溝通，但是因爲不提供日文翻譯給各單位確認，因此偶爾也會碰到店家擔心怕傳達錯誤資訊給客人而婉拒採訪。不過也因爲如此，更加感謝那些不懂中文卻願意選擇相信我的店家們。

大小眼的老店鋪

有一陣子突然很想採訪有歷史的老鋪洋食店，上網查後找到一間在銀座相當具有名氣的代表店家，不過由於這種店家通常唯一的聯絡方式僅有電話號碼，因此我立刻打了電話過去。一開始免不了先說明介紹公司概要，強調這是不收費的採訪，總算敲定日期後，我便安心掛上電話。到了採訪當天，當我抵達店門口時，看到各種攝影器材架在門外，便有不好的預感。推開門後迎接我的不是店長，而是看起來像是製片的大塊頭。

大塊頭：「今天這裡被我們包下拍攝日劇喔！」

我：「但是我今天也有預約採訪耶！」我不甘示弱的回話

大塊頭：「那我帶妳去找店長，妳自己跟他說吧！」

於是我走上二樓，看到老神在在的店長。

店長：「不好意思，今天他們包下一樓跟地下室，妳要拍照的話就只能拍這一半場地。妳不是要拍蛋包飯嗎？那我現在就先請廚師準備囉！」

我：「啊，等等，如果只能拍這部分，我怕素材不太夠，無法傳達這家店的魅力。」

店長：「不然妳就改天再來吧，反正今天老闆也不在。」

我：「老闆也不在？那請問您能代替他回答一些問題嗎？因爲公司規定的關係，我們比較難再過來一趟……。」

店長：「不然就不要採訪也是可以啊！我們不缺宣傳，妳可以去別的地方。」

聽到這句話時，我內心當然翻了無數次白眼，想說你到底是在跩什麼，但是因爲不想因此給人不好的印象，因此還是理性的回覆店長，自己還是很想採訪這家店的，提議今天就先拍攝料理的部分，我自行再與老闆另約時間採訪。在等待料理上桌時，店長就先下樓忙其他事。我吃著那昂貴的蛋包飯，不管吃幾口，都吃不出味道，只感覺到自己的眼眶積著隨時可能落下的淚水。

這時一位老奶奶上來吃飯休息，一問之下才知道她是老闆的母親，也就是這家店掌權的主人。她親切的告訴我許多關於這家店的歷史與料理，一旁的女員工也要我別太在意剛剛店長的話，替他解釋可能今天比較忙才影響了情緒。後來店長上樓後看到我與老奶奶有說有笑的樣子，終於一改剛才那不友善的態度。回到辦公室後，我和同事們與老闆談到這件事，每個人都說：「妳應該當場立刻離開的，要有骨氣啊！還要放話說會跟其他媒體講的！」，事後我寫信給該家店老闆，告訴他當天發生的事情，但卻沒有獲得正面回應。因此我後來便再也沒有踏進那家店，這也成為我第一次採訪了卻沒用文字紀錄的店家。

在日本較吃香的歐美人士

當然上述只是一小部分的特例，基本上都是遇到佛心接待的店家居多。由於東京是外國人長住人口最多的都市（截至二〇二〇年十月共有五十六萬人），是大阪的兩倍，因此在便利商店、服飾店、餐飲店等遇到外國店員是很正常的事，離我家最近的小型超市就全是越南籍店員。不只如此，留學生、上班族、主婦、老闆等等幾乎可以在每個地方遇到同樣來自異鄉的外國人。也許是因爲習慣了與多國籍的人在同一個生活圈，在東京的排外現象不如想像中嚴重，相反的更有日本企業積極採用外國員工，認爲他們語言能力較強、勇於發表意見、具有國際觀，這可讓在地日本員工皮繃得緊緊呢。

在過去，的確比起亞洲人，歐美人士在日本生活較爲吃香，日文程度趨近於零的人也有外資公司、英語教師等豐富的就業選擇，所以很少看到歐美人士在便利商店打工，而歐美人如果還會說一口流利的日文，那麼根本是無敵的存在。然而鄰近的亞洲人士若想在日本生存，具備一定程度的日語能力似乎是最低條件，原因包括亞洲人的母語非世界共通語言、以爲彼此的文化習慣相去不遠等，這些都常因誤解而容易產生摩擦。

也是有滿腔熱血又善良的店家

不過近年來，因年輕一輩的日本人對於韓國與台灣越來越感興趣，終於肯在除了美食與購物之外更近一步了解各國文化。最明顯的就是只要說出你來自台灣，日本人就會眼睛發亮的說：「我也有去過台灣！」、「我最喜歡台灣了！」、「我好想去台灣喔！」，馬上對你的好感度大幅提升。

我曾經在一間米其林必比登榜上有名的烏龍麵店用餐，由於實在太好吃，當下我就直接遞出名片詢問是否能擇日來採訪。沒想到主廚馬上爽快答應，過一陣子我再次造訪時，直接帶我進廚房，教我怎麼切麵條，還說對我有印象的原因是因爲我是少數點了大碗，而且還幾乎快吃光的女生。離開前他告訴我未來打算在台灣或新加坡開設海外分店的目標，想請教我更多關於亞洲客人在用餐上的喜好。並且再三跟我說，下次私下來時記得通知一聲，他隨時都待在廚房，一定要出來打聲招呼。

還有在東京紅茶界小有名氣的繪本插圖師兼品茶師的女老闆，願意花時間和我一起坐在店門外的長凳下吃著奶茶冰淇淋，除了聊關於紅茶的知識與她對生活的熱情以及曾到台灣參展擺攤的經驗外，也提及她最疼愛的兒子，一直拿手機裡的照片告訴我每一個片刻的日常。

一般日本人其實不太會在初次見面時就主動聊關於家庭等私人話題，但她就像是遠親的大姊姊似的，雖然平常沒什麼見面機會，但只要一見面就會滔滔不絕的聊天。

「雖然我看不懂妳在寫什麼，但我相信妳啦！」我由衷感謝這些天使般的店家，因爲他們溫暖的對應，告訴我每一行業每一種專業背後的故事與理想，讓我繼續熱愛這份工作。

那頓讓我失去味覺的蛋包飯

父子兩代經營的手工和紙賀卡店

請假回家相親的外國同事

唯一談的感情就是終身伴侶，聽起來也是另一種浪漫。

跟公司內來自多個不同國家與文化背景的人一起工作的感覺是什麼？雖然每天一起上班八小時，但也不見得就能百分百了解不同國家的人的習俗與想法，只能從一次次的文化衝擊中去體會感受，藉此擴展自己的視野。

我任職的公司有羅馬尼亞、台灣、泰國、德國、美國、孟加拉籍員工，其中年紀最小的是孟加拉工程師，然而他卻是我們之中最早完成終生大事的一位（笑）。據說在孟加拉，男生年紀到了二十五歲左右就都結婚了，這位同事由於家境小康，遠在一方的家人非常積極幫他尋找對象，每週都會寄來披著華麗紗巾的妙齡女子要他挑選。有一次大家在公司幫一位日本男子慶生時，日本同事許願希望能早日交到女朋友。孟加拉同事此時脫口問：「咦？你要結婚了嗎？」，日本同事尷尬笑著否認，沒想到他繼續問：「可是交女朋友不就是要一起攜手走到最後嗎？」這句話讓所有人都瞪大雙眼，原來對他來說一生的伴侶便是唯一談感情的對象。後來經過幾次視訊，他終於選定對象，向人事提出長達兩個月的遠端作業與休假申請。過不了多久就傳出他已在當地結婚的消息，並寄來了婚禮的照片，最後將女方帶來日本一起生活。在我們看來或許很不可思議，沒有嚐遍戀愛的酸甜苦辣，甚至連見面都省略就能決定另一半，但也許對他而言，那就是一種身爲孟加拉男子該經歷的人生。

國情不同的習俗

隨著年齡增長，我們面對生離死別的機率也跟著變多。有位大學學妹在東京的飯店擔任櫃檯接待，由於是服務業排班制，本來休假就比較難安排時間，有一次因爲在台灣的親人去世，她必須趕回去參加喪禮，但她實在不知道該如何向主管解釋起碼得回去一週才能完成大部分儀式。因爲日本喪禮通常在親人往生隔天就會進行守靈，並再隔一天同時進行喪禮與火葬，因此最快三天內就會完成所有儀式。好在有另一位同樣來自亞洲的前輩了解喪禮文化的不同，因此她才順利回台送親人最後一程。

有夢最美，公司支持更美

在我剛進這間公司時，正好甫完成第三本著作、講述日本職場文化的《日本人，你不累嗎？》，書內多虧了可愛的同事們讓我拍照才得以完成。出版社當時詢問我是否能回台灣辦新書分享會，我雖然很想與讀者們親自道謝及分享，但那時我還只是個菜鳥社員，根本沒有特休，在與公司溝通後，決定通融讓我搭乘週五的班機快閃參加週六的活動。儘管當時全公司只有四位員工，一切才剛起步，他們還是答應讓我回去，事後我問了才知道理由——雖然是特例，但公司認爲應該要支持員工的夢想。到現在我仍然非常感激，因爲今天無論是身在國外還是在自己家鄉，不是每間公司都能如此願意理解每一位員工身後背負著的人生與理想呢。

快閃回台灣的新書分享會

創造溝通的時刻

平常每天坐在隔壁的同事們，要在合宿契機下才能敞開心胸聊天。

其實日本也有所謂的員工旅遊，非強制採自願式，但大多在假日時間舉行，也無法使用補休制度，因此願意參加或願意舉行的公司也就越來越少。取而代之的是「合宿」（註五），地點不一定，可能是東京近郊、或是全公司專程一起坐飛機到日本各地。通常會選在平日舉行，員工也可決定是否要自費多待幾天旅遊，其目的就是要增加員工之間的溝通機會，這對我們無時無刻都在對話的台灣人來說，看起來是有那麼一點多此一舉的事情。多次反應後，公司總說：「你知道的，日本人在溝通這方面還是不太擅長，所以要製造一點契機給他們啊！」。

哭笑不得的合宿經驗

目前爲止，我一共參加過五次合宿，分別在箱根、靜岡、新潟、埼玉與香川。每次都會分幾個小組討論大家對公司的看法或是發表對其他同事的感謝，並請來公司的資金贊助者演講勉勵我們。其中令我印象最深刻的有幾件事情，包括曾在不到零度的雪國中，在架好的戶外帳篷內自己煮火鍋，人多的時候還未有感覺，後來大家都跑去泡溫泉，留下因生理期或不想去的女生們看守帳篷後，在不管用的照明燈與微弱的網路下，一邊發抖一邊聚在一起看日劇。晚上分成飯店組與帳篷組，帳篷組的人雖然可以欣賞到都市無法看到的星空，但卻冷到睡不著，還不敢半夜爬起來去外面洗手間，隔天每個人都是掛著黑眼圈出現。

重點在團隊默契的培養

第一次全公司一起搭飛機到香川時，本來還有點擔心會有人睡過頭趕不上飛機，沒想到全員準時到齊順利出發。我們租下一間在當地相當有歷史、由擁有天守閣與日式庭園宅邸改造的「城宿」。在大會之後的感謝時間時，大家紛紛說出其實平常一直想好好說聲謝謝、但一直找不到機會表達，此舉雖然有些彆扭，需要點勇氣，不過看到大家努力站起直視對方，而對方也露出開心微笑的表情時，還是會覺得這種活動或許還是有必要存在。

隔天按照計畫分成多組活動，到當地採訪多個景點與店家。由於我擔任小組長，行前與組員們開會就先分配大家的職責與預計採訪的地點，因此實際進行時都相當順利，稍微迷路時，副駕就馬上用手機導航幫忙查詢，前一個行程有點延遲時，負責預約店家的組員就立刻打電話與店家調整時間。儘管有平常在工作上較沒在交流的同事，也透過這趟半工作性質的旅程，一路上聊得很愉快，拍了不少令人捧腹大笑的照片。後來據說其他組有的副駕根本完全不說話，有的組員任性只想著去自己想去的地方，有的行程排太緊沒時間吃中餐等令人翻白眼的狀況，而我們是唯一回來東京後有舉辦「慶功聚餐」的一組呢。原本對於合宿文化不太能理解的我，眞實感受到之後在辦公室工作時，的確與同組的同事間工作的效率與默契大幅增加許多。

註五：許多日本傳統大企業，對於新進員工的要求都有合宿這一項，讓所有新人聚集在同一空間內一起生活、受訓，所有事情都是團體行動，藉此培養團隊默契。

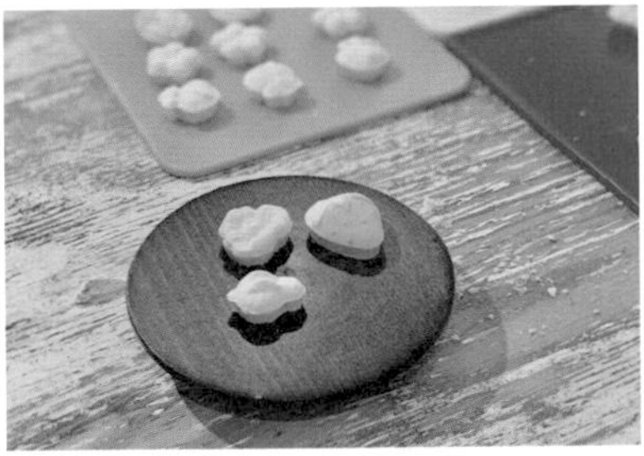

體驗做和三盆

同事幫我在公園裡的茶室拍照

合宿住在古城改建的民宿

恪守本分的社員

正社員、契約社員、派遣社員你想當哪個？

在日本持有工作簽證的外國人，未必非得當個正規上班族正社員，契約社員與派遣社員也都可以擁有相同的就勞簽證。當然，正社員是最有保障的身份，享有年資制升遷、年終獎金、雇用保險、健康保險，入社半年就有十天特休，每年固定做全身健康檢查，且會補助全額（或每月上限兩萬日幣左右）的通勤交通費。而部分公司還會提供住宅補助，如果搬家到公司附近一定距離以內，就會每月補助幾萬日幣甚至更多。另外，租房時也比較容易取得房東信任，代表你有份穩定的工作能按時繳房租。基本上除非遇到公司裁員或是自己主動離職，不然幾乎等於是終身雇用，還有退休金可拿。基於以上這些看似美好的福利，較爲保守的日本人多半不太會去跳槽換工作。認爲保住飯碗等於保護家人，一旦換工作可能得重新洗牌，還可能讓家人跟著吃苦。

自由度高的派遣社員

契約社員與派遣社員不同的地方在於「雇主」，前者是所屬公司直接管理，後者則由人力派遣公司管理。另外，前者多為月薪制，後者為時薪制。契約社員多為一年一簽，表現尤佳的話也有機會成為正社員。派遣社員以三個月一聘為主，有加班費但無完善的升遷制度，不太會被指派做責任負擔較大的工作。聽起來有點缺乏安定感，不過現實生活中或許也有人像日劇《派遣女王》中的篠原涼子一樣，擁有多項專業證照，不怕找不到工作，三個月期限一到就瀟灑走人不把自己綁著，但當公司遇到困難時總是第一個出手幫忙的超強派遣社員。日劇或許多少誇大正社員與派遣社員之間的糾紛與誤解，但根據調查，有超過半數的派遣社員，實際上仍感受得到所謂的「差別待遇」。但無論是以哪一種身份工作，保持相互尊重與盡力協助的態度才是最重要的。

不敢放的特休假

一般公司大多採責任制，因此薪資通常都包含加班四十小時以內的費用，加上依據每間公司的工作氛圍，很有可能遇到難以開口請假的狀況。我台灣朋友的日本老公所任職的老派傳統公司，明明男生也可以使用育兒假的福利，卻誰也不敢請假，原因就在於怕一旦長期不在工作崗位上，很有可能影響未來升遷。

在二〇一九年日本正式下令「特休義務化」，透過這項法律，希望能讓就算有特休也難以啓齒請假的狀況獲得改善。條約概要爲只要是該公司待滿半年的正社員，被給予十天特休的人，就必須在一年的一定期間內休掉至少五天。如果被查到有一人沒有休假，政府可是會向公司處以三十萬日幣以下罰款。

新創公司的特殊福利

我待的新創公司規模不算大，也不僱用社會新鮮人，在大家都具有一定的專業能力之下，所給予的起薪與加薪會比一般年功序列制（註六）的大企業來得多又快。只是因爲公司業績收入來源尚未穩定，因此很難拿到年終獎金。取而代之的是一些獨特有趣的福利，像是「旅行工作制度」：可在日本國內任選一處出差旅行一天，只要保持聯絡不影響工作進度，並向大家報告此次的經歷及感想，就能申請補助金兩萬日幣。兩萬日幣雖然可能一趟關西新幹線來回就超支，但也不無小補，不少同事選擇在週五出發，週末就自掏腰包多留幾天旅行。

這制度主要是鼓勵大家多離開生活舒適圈，到各地體驗以及與當地人交流。我曾透過這個制度到福岡採訪，順便去見一直很想親口說聲謝謝的電視台監製大哥。他曾長達近一個月拍攝我們公司的工作實況，雖然主角是當時尚未滿三十歲的社長，但因爲我是第一位外國籍社員，因此「戲份」不少。監製大哥問了我很多問題，在長時間相處下也漸漸產生信任，我在公司初期不知道該找誰訴苦的煩惱也都傾訴於他。知道他後來被調派至福岡後就一直想找機會見面道謝。和他在中洲的河邊一間日式料理店，坐在榻榻米上品嚐道地的水炊雞肉鍋，一邊聊著彷彿昨日才剛拍完的拍攝回憶，謝謝他當時把那整段剪掉，作爲一個令人回想時還會笑出來的秘密。

註六：年功序列指的是日本依員工的年資與職位來訂定標準化薪水的一種企業文化，年資越久薪水越高，鼓勵員工從一而終。

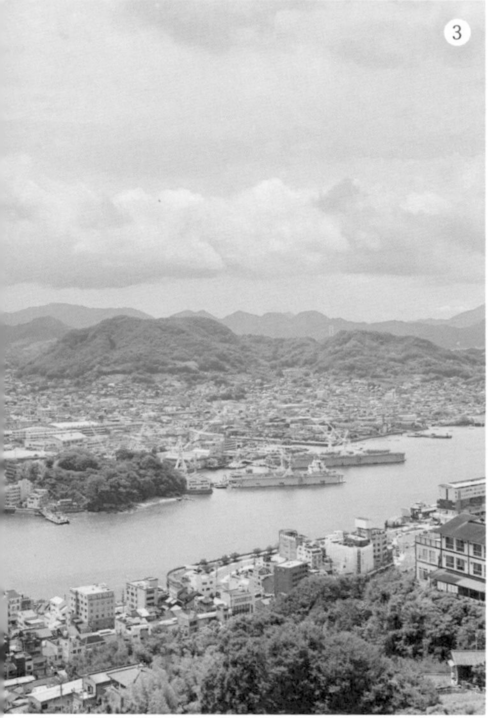

1.旅行工作：廣島路面電車之旅
2.嚴島神社餅乾伴手禮
3.旅行工作：尾道之旅（景色與家鄉基隆非常相似）
4.旅行工作：倉敷之旅

嘗試遠端工作的時刻

時差出勤？遠端工作？被迫實行的時機終於到來。

亞洲地區普遍實施遠端工作與時差出勤的企業，比起歐美來說，眞的是少到無法比較的程度。這多半是因爲職場僵化、以及不肯花時間建立雇主與員工之間的信任關係。

日本的新創產業多半會配給員工一台筆電，有的甚至還會配給智慧型手機，因此只要連上網哪裡都能工作。公司內部人員之間的溝通，不太會使用偏向私人的LINE或臉書帳號，多半選擇使用Slack（註七）或chatwork（註八）等企業通訊軟體爲主，因此照片與資料不會有超過下載期限的問題，也不會被發現「已讀不回」，還能將自己的待完成項目task標記起來，同時也可將工作項目指派給其他同仁，整體來說是能提升團隊工作效率的溝通平台。因此遠端作業對日本二、三十歲的企業職員來說，並不陌生也容易適應。

分散尖峰滿員的時差出勤

至於「時差出勤」，本來是爲了東京奧運而開始逐漸推廣的工作模式，只要上滿一樣八小時的時數，員工可以自由選擇幾點開始上班。這目的在於分散上班族的搭車時間，減少尖峰時刻塞爆電車的狀況，讓旅客與上班族能盡量舒適的搭乘列車。然而世事難預料，因新冠肺炎爆發，不但導致奧運延期，也直接迫使日本企業在短時間內盡快測試實行時差出勤與遠端作業。二〇二〇下半年，幾乎每個車站廣播都多了一句：「請大家盡量提倡且實施遠端作業」。

在此之前，無論颱風還是下大雪，大部分的上班族還是得傻傻的站在月台讓冷風吹幾個小時後終於抵達公司，結果只上了半天班又得拖著疲憊的身軀坐電車回家。由於日本的企業與學校擁有是否停班停課的決定權，因此若雙薪家庭的小孩在颱風天時遇到學校宣布停課，但公司不停班的狀況，通常就得有一方向公司臨時請假回家照顧小孩。大人的假期也是很珍貴的啊。

與生活並行的新工作型態

我任職的公司本來就有導入這兩個制度，因此疫情發生後並沒有太大的變化。只是萬萬沒想到眞的會長達一年以上沒見到同事，還在中途的新進員工更是素未謀面的情況下工作。

由於見不到面，爲了維持必要的溝通，線上會議的時間佔了不少。看到同事們將視窗背景改成夏威夷、外太空等圖案自得其樂，偶爾聽到同事小孩在家打鬧的聲音，或是一副睡眼惺忪頭髮蓬亂的樣子，開會開到一半，突然聽到門鈴聲得去收包裏等等，說實在雖然挺新鮮但也很難專心，大家發言的頻率與積極度也明顯比同在會議室低了些。另外也因爲沒辦法隨時去位子上找同事商量或處理事務，花在打字傳送訊息的時間增多，又怕單憑文字產生不必要的誤會，以往一兩句簡單的指令與說明，變得需要鉅細彌遺的傳達，常常送出後才發現這一串文字多達五百字以上。

遠端工作看似不方便，其實好處也不少，住比較遠的同事們都認爲這樣就能省去通勤移動時間，不會在還沒進辦公室之前，就先因爲在電車上被擠到一臉厭世而影響情緒與精神。想專心寫作、想企劃與處理諸多事項時，不用擔心突然被主管叫去或得接電話而中斷手邊的工作。前一晚或當天早上不用再事先準備便當，中午闔上電腦便可以走進廚房揮刀下廚。根據日本的多項調查，日本整體對於遠端作業的滿足度高達百分之五十至六十。

日本實施遠端工作的比例仍有待加強

然而眞正全面實施遠端作業的企業，其實不到整體的百分之三十，有一次我到北陸出差，與當地的縣政府單位一起工作，在車上聊起關於遠端作業的話題。

政府機構人員：「你們到現在還在進行遠端作業嗎？我眞的對於這工作效率感到有點不信任耶！大家眞的有乖乖在家裡工作嗎？」

我：「有沒有好好堅守崗位工作，只能選擇信任彼此，最後的成果還是會說話的。」他聽完後默默的轉移其他話題。

因爲產業不同，的確要做到百分百遠端作業並不容易，像是餐飲等服務業以及生產業因需要面對客人與操作機器等直接仰賴人力，更是難以實施這種制度。因此如何讓員工維持效率且能平衡生活品質、又能使雇主將損失降至最低，是永遠值得探討的課題。

幾乎無人的辦公室

線上會議

在自家陽台工作

註七：Slack是一款適用於工作溝通用的通訊軟體，具有權限管理、頻道分流等特性。

註八：ChatWork是一個日本企業開發的線上即時通訊服務，有團隊協作功能，可指派任務及設定完成時間。

疫情之下

日本人開始想要走出舒適圈了嗎？

一場疫情像是個暫停鍵，讓忙碌的日本人停下腳步想新出路。

一場疫情，讓日本人有了契機去思考是否該繼續待在同間公司，而這一年來考慮換工作、或準備自己出來開公司與做生意的人不在少數。當有些產業面臨危機之時，也有產業反而因禍得福，同時衍生出更多發展空間去開拓新的市場。我待的公司，在這一年中就有近十人離職，是我進公司以來最大一波離職潮。有人決定娶妻搬回台灣、有人決定成爲自由接案的攝影師、有人買了房要開咖啡店、也有幾個人決定轉換跑道。看到大家似乎有了更明確的目標，爲了自己的未來與幸福而前進，身爲同事雖然稍感寂寞，但也當然給予最大祝福。

第三章 生活

せいかつ

住在東京總令人擁有活在日劇般的幻想：
在綻放櫻花的目黑川沿岸、牽著戀人的手散步出門吃頓早餐，
到滿地柔黃銀杏葉的公園附近買杯美味的手沖咖啡，
順便和咖啡師聊上兩句。
然而每日看著東京鐵塔從豔紅到天黑時打燈的人，
其實也不一定能感受到那夜景的浪漫，
回到家就是累到倒頭大睡。或許住哪裡並沒有那麼重要，
最重要的是如何維持自己也滿意的生活品質。

搬家就是碰運氣的時刻

在日本看房，風水格局擺一邊，採光擺中間。

在東京找房子，如果要以風水格局來決定的話，可能得花上好幾個月也不見得能找到理想的完美房間，若把房間格局照片拍給台灣長輩看，長輩可能會先搖頭要你直接找下一間。

東京平均一間單人房大約五至六坪，這小空間內包含了廚房、浴室還有廁所及洗手台，可說是「麻雀雖小五臟俱全」。而通常家門一打開，旁邊先看到的不是廚房就是廁所。因爲地狹的關係，很多公寓建築也都衍生出獨特的形狀，像是梯形構造或不等邊的四方形。有好幾次透過房仲去看到這類房子時，只要一靠近窗邊，我就有要跌下去的錯覺。

不太重視房間格局的日本人，相反的最在意的反而是「光線充足」與「方位」。如果是面向北方的房間，可能因爲太陽不容易照進屋內，曬衣服不太容易乾之外，房間也較可能有潮濕問題。而如果是面東和面西又可能遇到白天溫度過熱或傍晚陽光刺眼等問題，因此最有人氣的其實是面朝南方的房子。如果這房子剛好是同一層中的最邊間、擁有兩扇窗以上、隔壁只有一戶鄰居的話，租金通常就會比其他間來的高一些，簡言之就是花錢來換取陽光與安靜囉。

只要沒有惡鄰居，什麼都好

而即便是幸運租到一間好房，最難控制的因素就是周遭鄰居的品質。基於保護住戶隱私，房中無法事先告訴你隔壁住了誰，甚至連性別都不太能過問。

我曾經在打工度假時為了想趕緊找個地方住，不好意思再繼續寄住朋友家，因此急忙看了幾間房後就決定簽約。那時租了一間位於一樓最外側的木造公寓，就連洗衣機與瓦斯設備都設置在門外。一開始住得還算舒適，後來隔壁搬來一位日本男生，打呼聲大到穿牆打擾我的睡眠。當時覺得反正戴耳塞忍忍就過去了，沒想到每逢週末他幾乎都會帶朋友來家裡喝酒開趴，深夜裡持續聽得到他們的歡笑聲。由於我實在按捺不住，便直接用拳頭敲打牆壁想以此警告，換來三秒的沈默後是一聲更大的回擊。

隔天找了房仲商量，從房仲那邊得知他似乎一直否定有在半夜吵鬧，房仲甚至要我開始紀錄他這陣子哪幾天的幾點吵鬧作為證據。儘管做了這些，房仲與房東仍強烈不希望我報警處理，深怕我一個女生若受到攻擊，可能會發生無可挽救的事情。最後房東破例讓我在契約未滿前搬家，這件事情也才告一段落。

所以啊，日劇中上演的剛搬家時帶點伴手禮和隔壁鄰居打招呼情節，或許在現實生活中試著做一次看看，保有見面三分情的情況下，比較能做到互相尊重吧！

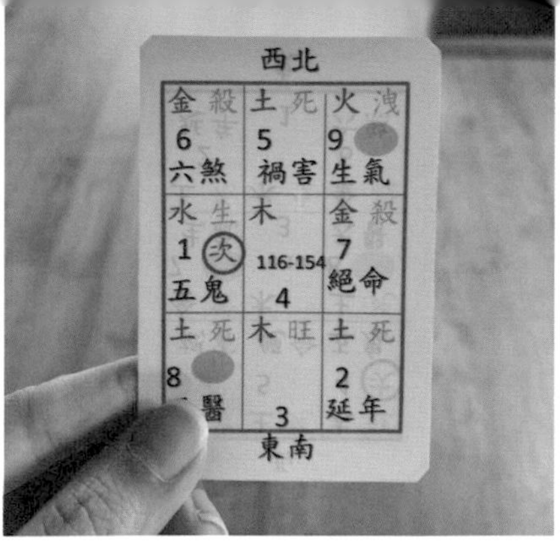

風水參考小卡

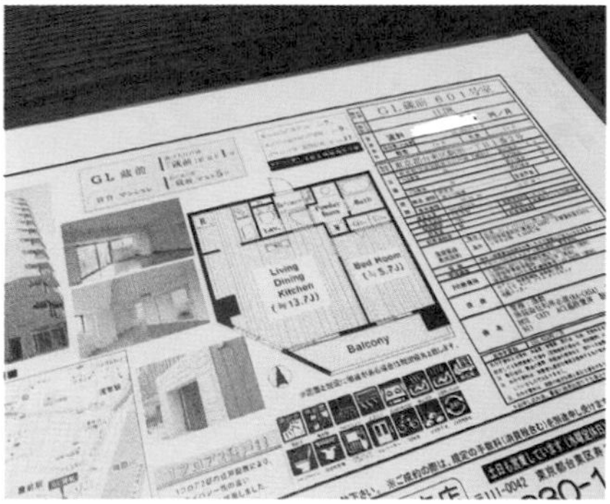

格局爲梯形的房間

一般房間一開門就是廚房

租屋手續超繁複

在日本想搬家，荷包要夠深。

在日本要搬家可不是一件簡單的事情，不只燒錢也費時，以下先概要介紹一些搬家注意事項：

1. 契約通常爲兩年一次，過了兩年續約時還需繳「更新費」，這筆更新費包括付給房東的一個月份房租、付給房仲的手續費與兩年份火災保險，總共加起來約房租的一個半月份至兩個月份的金額。
2. 房間基本上只有附空調與照明設備，其他家具與電器都得自行購買。（當然也有全附的方案，但相對租金較高，適合短期契約）
3. 需要有在日保證人或保證公司，以防你付不出房租時能保證代付的

對象。（需付給保證對象半個月至一個月房租的金額）

4. 住戶專用腳踏車停車場可能也不是免費，一個車位一年約一百台幣不等。

5. 簽約確定要入住後，需繳押金（約爲一個月租金，作爲之後搬離時的打掃費）、禮金（約爲一個月租金，是不成文的規定，用來感謝房東租房給自己）、房仲手續費（約爲半個月租金）、交換鑰匙費（約爲兩萬日幣）以及等等的保險費用。住在東京首都圈內的話，第一個月總共得花約房租的四至五倍的初期費用。例：房租七萬日幣乘以五等於三十五萬日幣。

6. 搬家公司以距離與物品多寡計算費用，一人份家具的話，約花費三至五萬日幣不等。

7. 水、電、瓦斯與網路通常都是另外付費，沒有含在租金內。

看完以上，是不是覺得口袋不夠深還是別搬家算了呢？（笑）

我永遠記得當初第二次以打工度假身份回到東京時，身上僅有約三十萬日幣現金，坐電車到遙遠的IKEA訂購床墊等家具，聽到店員說需要五天後才能送到，在收銀台前看著結帳金額不斷往上增高後，回到家面對空無一物的房間時，坐在地上無助哭泣的那天，第一次感受到要擁有一個棲身之處是如此困難。

省錢妙招：送對禮

後來在前輩們的指教下成爲「在日老鳥」後，迫於現實問題自然變得很會精打計算。

在西武池袋站的江古田租屋的第三年，我收到了所謂的繳交契約更新費通知，由於當時沒有打算搬家，但又想省點錢作爲生活費，因此鼓起勇氣走到管理公司與擔當阿伯交涉。

我：「那個……我很想繼續住在這裡，但是這筆更新費對我來說是一個不小的負擔，我每年也得存一些機票錢回台灣，不曉得更新費是否能便宜一點呢？」一邊說一邊遞出台灣高級烏龍茶葉罐。

我：「這您不介意的話還請喝喝看，在日本買不到的。」

阿伯：「哎唷，妳在這住那麼久了，又很守規矩，沒問題的，我就少收妳兩萬五吧！」

當場我狂鞠躬道謝直到踏出門外。後來又過了兩年，寄來的更新費用繳交通知單上一樣寫著當年通融的金額。我只能說阿伯萬歲！台灣烏龍茶萬歲！（笑）

直到我真的要搬家的那天，在阿伯來房內檢查時，我遞上在百貨公司地下街買的伴手禮。

我：「這四年來真的很謝謝您。」

阿伯：「不用這麼客氣啦，妳要好好加油，元氣的生活著喔！」

我一邊忍住淚水，再度鞠躬後便關上門。到現在仍然很感謝他，也希望他能健康平安的繼續守護每一位爲人生打拚的住戶。

住了四年的房間

曾住過的小鎮上的商店街

泡澡是放鬆的時刻

半夜還開著的錢湯是我的救星。

幾乎遇到的每個日本人都有在家泡澡的習慣（除了沖繩人），只有淋浴似乎無法滿足他們，因爲泡澡時間對他們而言是能紓壓放空的方式。邊泡澡邊看書、或是陪小孩一起泡澡戲水都是一種日常。就算平常無法說走就走的去泡個溫泉，即使家裡有浴缸的人，也會特地去附近錢湯澡堂，享受大浴池才有的寬敞奔放感。

泡澡習慣可溯源到江戶時代，由於到處都是木造建築，爲了防止火災發生，因此政府曾禁止在家裡設置需要燒柴的浴室，儘管後來一些較富裕的商家擁有自家浴室，但事實上因設置費用昂貴，一般庶民還是選擇上街去洗澡。後來錢湯漸漸成爲一個地區衛生清潔的象徵，設備也跟著改善。到了近代，不但有各種療效的浴池，還有三溫暖與冷水池，而且只需不到五百日幣就能享受這些設施。

東京在興盛時期曾有一千五百間以上的錢湯，如今卻剩不到六百間，但仍有許多新一代年輕人爲了拯救錢湯，投入許多心力想盡辦法，包括在裡面辦展、卡拉OK，或提供各種季節水果浴等，讓更多人感受錢湯魅力。

要喝到牛奶，人生才完整

日本人特別喜歡在錢湯泡澡後坐在按摩椅上稍作休息，或是喝杯冰鎮的牛奶，感覺就是要做完這一連串流程才能心滿意足的回家。

之所以有很多錢湯都有販售冰牛奶的原因，可以追溯到二戰後的日本，在高度經濟成長期之前，當時冰箱尚未普及，若想喝牛奶只能在早晨等送牛奶的人員來家裡時立刻享用。牛奶廠商爲了擴增客源，想到錢湯既然是大家聚集之處，在這裡販售冰牛奶一定會大受歡迎，而這項商業策略果真成功，來泡澡的客人看到以往只能在早上喝的牛奶，竟然也能在傍晚後喝到，當然會忍不住想來一瓶。

錢湯有著比泡澡更重要的任務

說了這麼多，其實我對於錢湯一點好感與興趣也沒有，畢竟從小到大有記憶以來，好像只有在端午節時，媽媽會要我泡在放滿菖蒲的浴缸。而且在外租的小套房，基本上也都沒有附浴缸，所以早已習慣只有淋浴的生活。加上對於和陌生人「袒裎相見」這件事還是有點抗拒，因此一直沒有驅使我去體驗大眾錢湯的動力。

直到某個寒冷、吐氣會冒白煙的冬季夜晚，當我回家正打開熱水要準備洗澡時發現，「咦？怎麼沒有熱水？」，神經質的我先打電話詢問瓦斯公司，確認自己是否有繳錢，答案是有的，這時聽到隔壁人家傳來「老伴，怎麼沒熱水啊？」的對話，才知道原來整棟公寓因為輸水系統的水管老舊，碰到過冷的氣溫而無法正常運作。管理公司的阿伯雖然馬上就來，但修理的師傅似乎無法立刻趕到，由於時間已經很晚，積了整天疲憊只想趕快洗澡休息的我，決定硬著頭皮前往人生第一次的錢湯。

推開門後，迎接我的是一位老神在在的掌櫃婆婆，當我要掏出銅板付款時，同時發現自己竟然忘了自備毛巾與沐浴乳洗髮乳，只好改拿出紙鈔買了一組。將脫下的衣物與貴重物品放進櫃子後，便小心翼翼的走進澡堂內，「接下來，我應該要先沖澡」心裡默默的想著SOP，走到沖澡處前時立刻被陌生的阿嬤碎念：「小姐啊，妳要去那邊拿沒有人用的椅子跟臉盆啊！」

喔……巡著她指的方向，我總算在一片迷濛白煙中看到層層疊起的椅子跟臉盆。

踏入澡池內，燙到我想不顧一切的大叫，忍住後終於慢慢習慣這水溫，覺得身子也逐漸暖和起來。一邊不經意聽著婆婆媽媽們的對話：

「妳今天也來泡啊？」

「對啊，這種天氣最適合了。對了，最近好像都沒看到〇〇婆婆來呢！」

「對啊，不知道是不是身體不舒服。我先起來準備走囉！」

「晚安」

突然感受到原來錢湯還具有彼此噓寒問暖的作用存在，或許不知道彼此的名字與背景，但的確是個能放鬆打交道的場所，還能關心獨自生活的長輩身體是否無恙，透過一聲問候減少令人惋惜的事情發生。

當熱呼呼的雙腳踩上拖鞋走回家後，才發現我竟然把鎖櫃子的塑膠圈鑰匙也不小心帶回家了……。

蒲田溫泉的親切掌櫃

不小心帶回家的鑰匙

需要加水的冬日時刻

可以沒有暖桌，但不能沒有加濕器。

小時候看櫻桃小丸子與各電視台播的日本卡通時，常常出現全家圍坐在客廳暖桌的畫面，雖然在現實生活沒有坐地板的習慣，但莫名對暖桌有種憧憬。實際上在東京度過第一個冬天後，我便打消了這念頭，原因在於東京的冬天非常乾冷，地板因爲不同於台灣多爲瓷磚或大理石等建材，而是以木板爲主，所以室內反而沒有想像中寒冷，倒是「乾燥」這件事情，苦了所有尚未習慣當地氣候的外國人。有一天早上，當我按下鬧鐘準備起床時，發現自己鼻子下有溫熱的液體在流動，一摸，天啊是血！我驚慌的處理後，到學校時與同學講這件事，結果他們每個人都淡定的回應這很正常，原來是因爲氣候過於乾燥而造成流鼻血的狀況。

後來在日本職場工作後，發現其實周遭也很少日本人的家中有暖桌，一來是相當佔空間，再來是很容易因爲暖意就直接睡著。但是大家絕對都會買的東西就是「加濕器」！而且連辦公室的桌上也會擺放小台的USB型加濕器，加減讓空間濕潤些。就連知名百元商店都有販售攜帶款，只要倒進些許的水，就能讓水分在空氣中散發。

我是基隆人，冬季溼冷，衣服不容易乾，家中也容易孳生黴菌，家裡共有四台除濕機都還嫌不夠，因此當初得知有加濕器的存在時，感到有些訝異。

不過可能是因爲暖桌逐漸消逝在現代人的生活中，爲了讓年輕人也能體驗暖桌的好處與趣味，有些咖啡店與居酒屋會在店內擺設幾張暖桌，讓大家一起圍爐吃涮涮鍋小酌，或是獨自享受閱讀時光，脫去鞋子坐在榻榻米上，暫時把店裡當自家，偶爾感受傳統生活也很新鮮呢。

雞同鴨講的英語時刻

日本人的英語程度到底好不好？

有時候對於他們的英文程度，我也感到很困惑，因爲在日本的生活中到處都充斥著英文，實在沒有「苦手」（不擅長）的道理。

舉例來說，在新型冠狀肺炎影響之下，日本的新聞出現了許多從未面世的片假名，包括ソーシャルディスタンス（social distance，社交距離）、キャパシティオーバー（capacity over，感染爆發）、クラスター（cluster，群體感染）、ロックダウン（lockdown，都市封鎖），這些罕見於日常使用的英文單字，卻能毫無任何違和感的出現在各大媒體報導與政治人物出席的記者會上。除非是英文具有一定程度，不然一般民衆在看到這

些片假名後，應該很難能立刻就理解是在講哪個英文單字。但如果在台灣家鄉的縣市長在回答記者問題時，三不五時就冒出幾句英文，我想源自長輩的民意支持度應該會馬上往下掉。

萬用的片假名

既然有對應的漢字，那又爲什麼要使用片假名呢？原因在於來不及尋找適當能作爲完整解釋的日文，怕單使用日文令人有所誤解，也想讓民衆不要因爲看到「都市封鎖」就以爲世界末日到了而過於恐慌，因此乾脆用片假名表示。不過此舉也可能因爲不理解片假名原本的意思而引起反效果，或者無法提高危機意識也說不定。

在工作方面，各行各業都有專業術語，不同部門之間如果沒有一定了解，根本是雞同鴨講，我到現在仍是每天同時學習日語與英語的感覺。

在食物方面，尤其是異國料理，如果菜單上沒有對應的參考照片與原本的英文標示，可眞的是會考倒非英語系國家的人。雖然長年生活於此，大概都可掌握了，但偶爾去吃比較高級的法式料理或稀有的餐點時，還是會對著菜單發愣，這時只好拿出手機請教谷歌大師，或者大膽地直接問店員，因爲一旁的日本人其實也不見得知道啦。

以下提供幾個菜單上見過的日文，請猜猜它們代表什麼吧：

1.「ペペロンチーノ」
2.「カルボナーラ」
3.「カオマンガイ」
4.「グラタン」

答案分別是：

1. peperonchi-no，蒜香辣椒義大利麵 2. karubona-ra，奶油培根麵 3. Kaomangai，泰式海南雞飯 4. guratan，焗烤。你答對幾個了呢？

難懂的義大利麵菜單

換年號的時刻

換個年號全國一起忙。

身爲台灣人，一定有被問過：「你幾年次？」，而我們回答的當然是民國幾年。但在日本的年號是只要換一任天皇就得改一次，也就是所謂的「一世一元」。說眞的，對住在日本的外國人而言，就算改了年號也沒什麼感覺，唯獨在被詢問幾年出生時會感到非常困惑。日本至今在塡寫個人資料時，還有很多機構是必須塡寫日本年號的出生日期，而非西元。我剛到日本初期，哪會記得自己到底是「昭和」（註一）還是「平成」（註二）幾年出生啊？而且一旦說自己是昭和出生，很容易就被認爲有一定年紀。（也太不公平）

不過萬萬也沒想到自己竟然會經歷久違兩百年、明仁天皇自動提出退位換代這個重大歷史轉折的一年。在二〇一九年的櫻花開之際，日本政府宣布了新的年號爲「令和」，因此這一年同時存在著平成三十一年與五月一日正式啓用後的令和元年。我還記得那天坐在辦公室的同事們，都紛紛跑去上司的座位看電視的現場轉播，大家一起屏氣凝神的等待宣布新的年號。那年我到上野公園賞櫻時，看到不少小酌暢歡坐在櫻花樹下作樂的日本人們，高舉著寫著「令和」的紙箱板邊唱歌，可能因爲在酒精作用下，讓平日含蓄的他們看到我以手勢詢問是否可以拍攝時，非常配合且興奮的露出笑容。那一陣子還有很多店家都開始推出關於令和的商品，像是印有令和漢字的T-shirt，還有用3D列印做出來的令和珍奶等，每個人似乎都像是在慶祝新的一年到來般歡喜。只是換年號伴隨來的就是病歷表、政府機關文件、年曆等書類也得跟著改，就連天皇生日這個國定假日也得變更日期，所以說換年號對於日本人來說，可是既令人期待但又麻煩的盛事呢。

註一：昭和是昭和天皇在位時所使用的年號，時間為西元一九二六年至一九八九年，總計六十四年，也是目前日本各年號中使用時間最長的。

註二：平成是明仁天皇所使用的年號，自一九八九年至二〇一九年因明仁天皇退位而結束。

危險又迷人的電線桿

有一天或許會消失的風景。

之前有認識的攝影師朋友剛來日本留學不久，有一次我們走在街道上聊天時，他突然問我：「爲什麼日本那麼多電線桿啊？他們不打算地下化嗎？連我的老家桃園都開始動工了耶！」，因爲他的這句話我才突然意識到原來自己從來沒有注意過這件事情，因爲一直以來都把電線桿視爲理所當然的日常風景，無法想像少了電線桿後，這座城市的外觀會變成什麼樣子。

的確與新加坡、倫敦、巴黎、台北其他國際城市相比，東京的電纜地下化目前只佔不到百分之十，進行速度相當緩慢。和台灣一樣是島國，常得面對自然災害的問題，難道日本沒有意識到電線走火、坍塌、停電的危險嗎？

答案是當然有。在戰敗後，日本因急於復興，選擇最有效率、最省成本以搭建電線桿的方式輸電給民眾使用。然而這「一時」的決策，在後來面臨經濟快速成長之時，不得不快速設置更多電線桿來應急。近年因爲遭遇強震與颱風，便常發生因電線桿損壞導致大規模停電的事件。如二〇一九年的法西颱風（註三），讓迪士尼所在的千葉縣有近百萬戶停電，當時住在當地的朋友說他們度過了好幾天沒有電的日子，尤其剛從超市買回來的生鮮食品最後都得丟棄。

這些災害迫使日本政府再度思考如何加速電纜地下化的進度，儘管知道這浩大的工程需要花上好幾年，搭建費是每公里以億圓日幣單位在噴，還得在已經塞滿天然氣管、水管、通訊電纜的擁擠地下找空間做，但如果以人民的安全爲最大考量的話，眞的是應該將工程施作順序按輕重緩急調整一下。

從另一個角度來看，因爲有電線桿的存在，讓一座城市、小至一個巷弄在景框內都能突顯當地獨有的日常氛圍。特別是在下町地區或商店街周邊，不斷綿延的電線讓構圖變得更有趣，我自己就很喜歡騎著腳踏車穿梭在淺草與押上一帶，尋找如何拍出不一樣的晴空塔姿態，偶爾觀察電線桿上的資訊，有地址、寵物走失協尋與各種廣告。在未來的某一天，**如果電線桿從東京消失了，那麼旅人所看到的風景會變得有些寂寞吧。**

註二：法西颱風於二〇一九年九月登陸日本千葉市，有「關東史上最強颱」之稱。最高風速有十二級風，光是千葉縣內就有萬棟房屋與千支電線桿損毀的災情。

淺草巷弄中一景

解放腳趾的時刻

五指襪與分趾鞋穿了就回不去！

我的十多雙襪子裡大概有超過八成都是五指襪，其實一開始覺得穿脫很花時間而嫌麻煩，但是因爲五指襪兼具透氣與保暖的功能，還可有效改善拇趾外翻，穿了幾次後終於體會到這襪子的神奇與帶來的舒適，因此只要到襪子店一趟，看到喜歡的款式就會買起來。

由於台灣的製襪產業非常優秀，而且一雙襪子的價格通常較爲親民，所以我每次回台灣時也會抓個時間去購物，只是發現五指襪款式並不多，而且通常不會放在顯眼處。幾次曾到倫敦、紐約、首爾的襪子專賣店時，也注意到五指襪似乎不是想找就找得到的商品。

然而五指襪在日本受到各年齡層歡迎，其原因在於「健康」與「衛生」

層面。因運動不足、待在冷氣房太久以及太常攝取冰的飲品與食物，不少人有四肢容易發冷的問題，這時會藉由泡澡與穿五指襪等方式去改善，甚至睡覺時也會穿著襪子。

再加上日本人因爲非常介意身體散發出的氣味影響他人對自己的觀感，若和大家一起去到需要脫鞋子的餐廳吃飯、或到朋友家拜訪時，散發出不好聞的氣味，場面的確是會有點尷尬，而且大家還會繼續裝沒事，不敢直接告訴當事人。如果選擇穿上能吸汗保持乾爽的五指襪，便能減少這種狀況。

從古代傳統演變成現代潮流

看過時代劇或日劇《陸王》裡竹內涼眞所穿的特殊運動鞋的話，應該都對日本人腳上穿的足袋有點印象。在日本古代，無論是草鞋或木屐，皆是夾腳式分趾，襪子也就爲了穿著方便而設計出分趾足袋（註四）。不過他們也知道即便如此，在走長距離路程或農耕時，足袋便無法保護雙腳，甚至可能帶來疼痛。

直到約百年前，將橡膠加工縫製在足袋底部的「地下足袋」終於誕生，讓還不習慣穿西方鞋款的庶民有了新的選擇。事實上一九五一年時，日本選手田中茂樹就曾穿著運動足袋分趾鞋跑贏美國波士頓馬拉松，**據說當時駐日的外國記者還以為他只有兩個腳趾頭而驚訝不已呢**。

不過一直以來地下足袋都脫離不了勞動工作與參加祭典的印象，直到法國時尚品牌大膽將足袋概念套用在具有未來感的鞋款上，引起全世界注目，就連韓國知名偶像防彈少年團也曾上傳過穿著分趾球鞋的照片，讓忠實粉絲們到日本旅遊時不斷尋找類似款式的分趾球鞋。我曾經採訪過一家專門製作足袋與分趾鞋的百年老舖，除了持續生產傳統祭典用鞋與提供工地穿著的安全分趾鞋，他們也不斷挑戰做出兼具日式美感與舒適度的休閒分趾鞋，試圖透過分趾鞋來平均分散全身重量，讓平常很少使用到的肌肉有施力的機會，進而達到防止拇指外翻惡化的效果而能更廣爲人知。

分趾鞋店內包括總部辦公室的所有員工都是穿著自家商品來上班，有員工表示：「每天穿著它走在路上或電車上常常會被多看幾眼，還有人會拿手機出來拍，唯一得小心的地方就是怕被踩到腳啊！」。我最近也終於買了一雙穿穿看，試著調整身體狀況，體驗日本自古以來的智慧傳承演變至今的好鞋。

半筒型分趾鞋相當受到歐美人士歡迎

註四：足袋或稱分趾襪，為大拇趾與其他四趾分開的襪子，是為了配合傳統木屐所製作的襪子。鎌倉時代規定只有老人與貴族才可穿足袋，至江戶時代廢除此規。現今則常見於正式場合如茶道中穿著。

不環保但擅於分類

徹底的垃圾分類不代表普及的環保意識。

日本的家用垃圾分類雖然複雜，但是不用騎機車或跑在後面追垃圾車，且也因爲氣候較爲乾冷，垃圾不太會發出異味，基本上只要遵照每一區丟垃圾的規則，在早上出門前（八點前）把垃圾整理好放在公寓門口或垃圾集中場卽可。

關於垃圾，日本大致分成五大類：

1. 可燃垃圾

包起來的廚餘、CD、牙刷、海綿、食品保存容器、納豆盒、美乃滋管狀塑膠容器、照片、衣物等。

2. 不可燃垃圾

金屬類（鍋子類可回收）、玻璃、鋁箔、雨傘、陶瓷、剪刀美工刀、燈泡、吹風機與電話等小型家電等。（用完的噴霧與打火機則要另外使用透明度高的袋子與其它垃圾分開裝）

3. 粗大垃圾（大型垃圾）

腳踏車、榻榻米、行李箱、微波爐、吸塵器、電風扇、暖爐、桌椅等。

粗大垃圾採預約制，需要事先打電話或在網路上申請想要請業者來收走的日子，並且在那之前先去便利商店買「有料粗大垃圾處理券」，根據不同項目而分不同金額，像是雙人床這種超大型寢具就要價兩千日幣左右。

4. 廢紙

如報紙、雜誌、紙箱、牛奶利樂包。紙箱與牛奶利樂包一定要攤平並綁緊不散落。

5. 回收類

扁。

最常見的便是寶特瓶，需要將瓶蓋與瓶身的塑膠紙分開丟，瓶身也要壓

讓廢棄物進二手市場再利用

當然除了選擇乖乖做垃圾分類甚至付錢丟垃圾，其實還可以將自己認爲不再需要、但還能再次使用的物品賣給二手店家。尤其在大學周遭區域，不難找到二手家電行、古著店還有二手書店。雖然一件以三千日幣買下的過季服飾，最終估價後可能只能拿到三百日幣的確會有點傻眼，不過沒魚蝦也好，不無小補囉。

有一次我正準備要搬家，開始清理家中的家具，其中一樣是沒有在用的便宜折疊椅，這要是申請粗大垃圾就得付四百日幣，怎樣都想省錢的我，選擇打電話給附近的二手家電行，請老闆來實際估價。（估價通常是免費的）

老闆：「嗯……這個嘛，如果妳不要的話我就直接帶走，但這沒辦法給妳錢。」

！@＃$%&＊儘管我的內心在翻白眼，但還是決定「送」了那張椅子給老闆，至少不用另外花錢丟掉。

令人捏冷汗的過度包裝文化

然而日本雖然在回收與分類這方面算是做得非常完善，在「製造垃圾」這方面倒是挺令人替他們捏把冷汗的。部分提供自動結帳功能的便利商店或超市，一旁就甚至放著可免費拿取的塑膠袋。

源自好意，怕客人徒手拿不方便、怕有湯汁的商品溢出、怕袋子在移動過程損毀而產生的過度包裝文化，讓他們覺得一切理所當然，如便利商店店員自動幫你將商品裝入塑膠袋；在百貨公司跟店員說這是買來要送人的，他

寄賀年卡的慰問時刻

使命必達還要忙推銷的多功能郵局。

在日本生活後，無論是去買賀年卡、寄禮物給家人，還是去寄送在線上交易成功的商品，甚至只是去逛一下有沒有什麼新鮮貨，去郵局的機率明顯比在台灣時增加很多。

日本至今仍有在歲末時寫賀年卡（年賀狀）的習俗，用意在於爲了表達一年內承蒙某人照顧的謝意並打招呼迎向新的一年。最高峰時期，全國賀年卡發行量高達四十四億張以上。然而近十年因爲人口銳減與網路發達等因素，目前發行量已降至一半以上。郵局也知道這樣下去不是辦法，因此使出渾身解術，促使民衆踴躍購買賀年卡。除了在車站等地擺臨時攤位販售，還重金聘請了「ARASHI嵐（註五）」來當代言人呢。

若在聖誕節前後寄出，郵差們便會使命必達讓這張卡片於元旦當天送至收信人手上。此期間的郵筒便會將一邊的投入口改成「年賀狀」專用，較貼心的地區還會在郵筒旁掛著橡皮圈，讓你整理多張後綁起來一次投入。

可對獎的賀年卡

我自己很喜歡寫賀年卡這項習俗，有些人或許常有碰面的機會或甚至天天見面，但感謝之意卻因尷尬或彆扭無法勇於表達，這時候就能透過這特別的期間以文字傳遞給對方。有一年我下載了可以自己設計賀年卡的App，從照片、字體以及卡片材質都能選擇，做的過程開心，收到的朋友也能感受到心意。只是粗心的我萬萬沒想到有一張忘了寫自己的名字，還好朋友夠機靈，看字跡與使用筆的顏色就猜到是我寫的。

值得一提的是，只要是附有郵局「お年玉」編號的賀年卡，收件者皆可參加類似台灣對統一發票中獎號碼的活動。二〇二〇年的一等獎是可等值使用電子支付消費的三十一萬日幣或現金紅包三十萬日幣；二等獎則是日本各地知名伴手禮，包括西川枕頭，北海道鮭魚等豐富獎品。至於特等獎送的奧運開幕儀式與閉幕儀式觀禮門票會變怎樣就不得而知了……，可惜我沒有一年中獎過。

有特色的在地郵局限定商品

另外，日本郵局每月都會推出吸引人購買的郵局限定商品，讓即便是無寄送需求或金融交易需求的人也願意踏入逛一趟。最具代表性的便是日本各地的特色明信片，如淺草雷門、富士山、小樽運河美景等融合當地人文的圖案便化身成獨特的存在。有些人會在旅途中造訪各地的郵局收集這些明信片，甚至寄給自己呢。另外舉凡柯南、凱蒂貓、史努比、龍貓與杯緣子等，都會有郵局聯名推出各種令人愛不釋手的商品。我常常在排隊等寄包裹辦事情時，不小心餘光就會掃到這些逼人掏出荷包的商品，結果就順手選了什麼一起結帳。

放自己做的賀年卡

郵局限定周邊商品杯緣子

東京車站內的特殊造型郵筒

註五：嵐（あらし、アラシ、ARASHI）是傑尼斯事務所旗下的男子偶像團體，從二〇一〇年起，連續多年拿下「樂迷最喜愛的歌手」排行榜第一名。

「業務」萬歲！

越大份量越划算的業務超市與「問屋」批發商。

在日文裡「業務」的意思爲每日持續執行的工作，而業務超市便是提供給餐飲業相關人士每日所需的材料及食材而設立的超市，當然一般客人也可自由挑選購物。比起逛一般超市，我更喜歡去業務超市撈貨，因爲通常業務超市擁有自己的製造工廠，可一次大量直接向來自世界各國的製造商訂貨，而且不太做廣告宣傳，店內甚至毫無任何展現美觀與季節感的佈置，在如此省成本的情況下，同樣的商品在價格設定上便可壓低許多。

大部分的業務超市都會創立自家品牌，雖然在包裝上少了點設計感，不過因爲品質控管容易，因此同樣能保證新鮮與美味。

其中我最常去的是「肉のハナマサ」，店如其名，是一家以肉爲主題的

業務超市，走進去便會看到各種肉品，而且份量都是以家庭爲單位，也可常看到穿著圍裙就跑來買肉的餐飲店店員。就連胡椒鹽、美乃滋醬等材料的尺寸都大到讓我震懾，當然我鎖定的目標不是這些，而是超大包的餃子，比起來路不明的品牌或是一般超市販售的標準小尺寸餃子，身在異鄉的中華圈遊子們，都知道業務超市的自家品牌「俗又大碗」，每次遇到颱風前夕或是年末過年前，都可以明顯感受到餃子區的冰櫃空得很快（笑）。

很可以挖寶的問屋

「問屋」普遍指的意思爲直接與製造商購買商品的批發商，東京各地還留有許多歷史悠久的問屋街區域，如日暮里的纖維街、淺草的合羽橋道具街、飾品與裝飾材料街等。隨著經濟產業與社會的變化，客群也不再與以前一樣多爲一次購買大量有業務需求的店家，因此不少批發商開始也做起零售。

有家創業至今超過百年的包裝材料商「シモジマ」，在位於淺草橋的本店擁有八層樓的規模，如學齡兒童用品、各類文具、店鋪用品、食品包裝與清潔用品等每一層販售的商品豐富程度都令人大開眼界，尤其是文具層絕對會讓文具控失心瘋，筆記本與筆區就常常讓我逛到忘記自己到底本來要來買什麼。

本店附近還有婚禮周邊商品（現場佈置、乾燥花、假花等）以及卡片貼紙禮物包裝的大型分店，將用途與分類規劃仔細的經營模式的確是日本人的專長啊。

在疫情爆發之後，餐飲業者紛紛來此購買外帶用的便當盒以及提供給客人使用的手部清潔消毒液，那陣子剛好家裡缺廚房餐巾與洗手乳以及一些清潔用品，我拿到櫃檯結帳後店員還問我：「請問需要收據發票嗎？」，看來很多公司應該都派員工來購買相關消毒用品。

1.肉品業務超市
2.300公克的牛排只需不到一千日幣
3.淺草橋附近的皮革店
4.淺草橋附近的飾品材料店

全民閱讀時刻

拼命求生存的書店，把走入歷史的敦南誠品也帶來東京。

日本平均一年的書籍出版量爲七至八萬本，相較於台灣的三至四萬本，雖然看似很多，但以人口比例來說的話，台灣可以說是完勝。雖然如此，日本無論在書店實體店面數與平均一人年度閱讀量都還是略勝一籌。只不過隨時代變遷，這二十年內其實日本各地的書店也默默地收起一萬間以上。

日本的書籍種類這幾年皆以美容、健康、生活、料理以及人文社會，還有繪本、兒童書籍這幾類佔據排行榜前十名。因爲疫情的關係，當政府宣布全面停課，學校也無法實施線上教學時，童書與參考書的購買率大幅成長；而一直忙於工作的大人們則有了時間透過閱讀、進修語言，以及一次把之前沒看完的整套漫畫爽快讀完，因此以上這幾類書籍因而擠進比往年更前面的排名。

全國性的二手書店

要說日本與台灣在閱讀方式最大不同點的話，我想應該就是二手書了。創業近三十年，日本最大龍頭的「BOOK OFF」二手書店在全國展店超過四百間，書籍狀態基本上都非常良好，有的簡直如新書般，而且才剛上市的新書很快就會在二手書店找到。日本二手書籍市場能做到如此龐大，我想一部分原因是因爲日本書籍的價格偏高，放眼望去隨便一本語言參考書就是兩千日幣（近六百台幣），因此買二手的當然能省點錢。再來是日本人習慣在購書時向店員索取紙書套，如此一來在外閱讀時能保有隱私，不被別人知道自己在看什麼書，也能保持書籍清潔不易折損。當家裡書櫃出現飽和狀態時，就能將手邊狀態良好的書籍以不錯的價格出售。

傳統書店的新面貌

我對於日本書店的印象就是大型連鎖書店多爲一整棟建築，藏書量非常豐富；而個人經營的獨立書店則亂中有序，看得出老闆的喜好與風格。這十年間「蔦屋書店」帶起了一波邊喝咖啡邊享受閱讀時光、還能在裡面尋找符合自己生活形式雜貨的風潮，此舉完全顚覆衆人對書店只是呆板陳列書籍的印象。

受到新風潮威脅的書店老舖也不是省油的燈，像是創業近一百四十年的「三省堂書店」，在位於書街的神保町本店裡設有「神保町いちのいち」，從以精準的選物審美觀挑選兼具傳統日式與現代美感的設計雜貨伴手禮，從日本柔道衣服材質做的耐用帆布袋到樸實可口的長崎蛋糕應有盡有。我自己最常買的是龜之子束子（註六）的銀離子抗菌海綿，它的元祖版椰子纖維刷被稱爲日本三大發明之一，至今仍是澡堂老闆、廚房大廚的「相棒」（註七）呢。

另一家有一百五十一年歷史的丸善也不遑多讓，直接大膽的在原本旗下的淳久堂池袋分店旁開設一家佔地四百坪、東京都內最大規模的文具專賣店。文具控在這裡可能會耗上半天才出得來，逛到腳痠了還能在一樓咖啡店品嚐經典的國民美食「牛肉燴飯」（ハヤシライス），據說這是創辦人在社內食堂用餐時，因希望白飯與其他料理能盛裝在同一個盤子上發想而來的料理。雖然關於這道料理的名稱的由來有多種說法，不過我寧願相信是以創辦人名字取名而來。

台式風潮嶄露頭角

二〇一九年誠品正式進軍日本，一開始的確很令大家納悶，到底誠品開在競爭激烈的東京，要怎麼讓日本消費者願意買單？隨著這幾年台灣已成爲日本人最愛去的國家之一，吸引日本人的不再只是台灣的美食，還包括保留傳統細緻的文化風情。在日本橋的誠品可以看到許多來自台灣的設計品牌，還有改良式的臺菜、茶坊、台灣天然植物保養品等，讓思鄉的旅日台灣人與喜歡台灣的日本人都能在這裡感受到一股親切感。

誠品日本橋店更是參考敦南誠品的閱讀意象，打造一條文學長廊。第一次去時我差點感動到哭，那簡直是把敦南誠品原原本本的搬來，就只差沒人隨意的坐在地上看書而已。儘管官方似乎很努力的想將自由入座的概念帶入日本，但我每次去還真的沒看過有人坐在地上或階梯上。但比起地板，我特別喜歡靠窗的茶席座位，暖色調的書燈與帶點綠意的街景真的很適合閱讀。如果大家有機會到日本橋一帶，建議可以走進誠品看看，相信我，你一定會更喜歡上自己的國家。

註六：龜之子束子是有百年歷史的棕刷，採用純天然素材製成，具有硬、厚且毛刷整齊等特性，是刷洗鍋具的好物。

註七：相棒（あいぼう）一詞源自江戶時代抬轎子的轎夫，前後兩位共同抬起其中一根棒子，延伸至今即有「夥伴」的意思。

1.丸善池袋店一樓的咖啡區，展示電車頭
2.誠品日本橋店的走道設計乍看下像極敦南誠品
3.可自取書籍坐在窗邊閱讀的舒適環境（飲料爲離開前購買的外帶）
4.在誠品日本橋店還能買到大同電鍋與台灣調味料

是灶咖也是百貨的商店街

雨天也可以盡情逛街買菜的商店街，是我的心頭好。

對台灣旅客來說，提到東京的商店街，可能會先想到有東京最長商店街之稱的「戶越銀座」，全長一點三公里、多達四百多家店鋪的戶越銀座商店街，到底跟銀座有什麼淵源呢？眞正的銀座地區在明治時期曾歷經大火，幾乎所有建築物慘遭祝融。政府立即下令以不燃的煉瓦重建銀座，造就了銀座現在繁榮的面貌。而當時負責製造該煉瓦的公司就在戶越所在的品川區。另一方面爲了同時解決戶越地區排水不佳的問題，煉瓦公司將銀座殘留的瓦礫用來鋪商店街的大道，並希望戶越能像銀座一樣熱鬧繁榮，因此正式命名「戶越銀座」。據說全國三百多個「〇〇銀座商店街」的始祖正是這裡呢。

戶越銀座、或是能看到美好夕陽與小貓到處穿梭的谷中銀座，這兩處儘管商業型態也正在改變，但是因店家密集以及年輕人願意投入熱忱在此展開各種事業，每年都吸引了不少海外旅客前來，假日的人潮簡直可以用台灣夜市來形容。

只是日本的商店街目前也正面臨著衰退的課題，包括店鋪建築老朽、店主無後繼之人、還有最根本的問題：商圈人口逐漸減少，並不是每條商店街的命運都如前兩個般順遂。

商店街專屬的人情味

我一直都很嚮往住在有商店街的地區，像是位於高圓寺的純情商店街，原本的名稱是「高圓寺銀座商店會協同組合」，卻因爲在一九八九年時獲得日本直木賞（註八）的小說作品名爲《高圓寺純情商店街》，因而順勢改名，並普遍得到居民的支持。只要一到商店街，就能聽到攤販熱情的叫賣聲，接近傍晚的買菜時間更是賣力。沿著商店街就能買到所有生活必需品，鄰近的店家也都熟識彼此，冰塊不夠或找不開錢時還會互相幫忙。儘管天黑，明亮的路燈也能讓人安心的走回家，下雨時也能走在店面的屋簷下而不必擔心被雨淋濕。若成了常客，說不定老闆還會願意借你傘，要你改天再拿來還就好。**這些用時間釀製的人情味是講求快速與系統化的連鎖店所無法做到的最大武器。**

本來以爲疫情的關係，商店街會比過往更蕭條，但是原本習慣坐電車出門購物的在地居民，認爲到家裡附近的商店街購物能減低移動與人潮群聚的感染機率，因此商店街的生意反而比疫情之前來得興隆。我在二〇一九年十二月時曾去採訪位於山手線駒込車站、著名賞楓庭園六義園周邊的霜降銀座商店街，商店街的管理者感慨表示：「看到大家騎腳踏車或散步來買生活必需品與食材的感覺眞好，這理所當然的景色，希望能一直持續下去。」

東京首推來這兩大商店街

在這裡特別推薦兩處我在東京很喜歡的商店街，分別是「合羽橋道具街」與「十条商店街」，合羽橋道具街約有一百七十間販售廚具、食品模型、張羅餐飲店會需要用到的看板、燈籠、鍋碗瓢盆等。這裡就像開放式的生活百貨，可以看到相關業者拿著清單尋找耐用的廚具或請職人磨菜刀，也能看到主婦或剛開始同居的情侶隨意走進一家店，不小心就沈浸在各種能夠感受手作溫度的食器。儘管餐盤、馬克杯已經多到家裡烘碗機擺不下，永遠覺得還是缺一個。

而「十条商店街」呢，去年我在東京認識最久的朋友，因決定回台工作便把工作辭掉。由於他平日變得相當自由，所以我乾脆約他逛商店街。

才走到我編列的美食清單第一家，他就開始嚷嚷著：「店怎麼看起來這麼舊，飯糰長得也很普通耶！」結果吃了一口，他驚呼：「這比我想像中好吃耶！」。這家每天現做四十種以上均一價百元日幣的飯糰專賣店，美味到曾讓深愛飯糰的外國人特地來拜師學藝。接著一連又去了五家，每一家都讓朋友發出一樣的反應，從不感興趣到連我的份一起吃光，只是他從頭到尾都沒拿手機出來拍食物。這條街有兩百多家商店，便宜的有一顆十塊日幣的雞肉球、銅板價的多汁炸肉餅，甚至是日本首相也來品嚐過的手作熱騰騰奶油紅豆銅鑼燒等，樸實無華卻好吃到媒體們紛紛來採訪，成為名副其實的「惣菜天國」。勸大家出發之前記得要空腹出門，不然一定會後悔吃不了那麼多俗又大碗的庶民美食。

註八：直木賞是由文藝春秋的創辦人菊池寬為紀念友人直木三十五，於一九三五年設立的文學獎項，是日本文學界最重要獎項之一。

1.戶越銀座商店街　2.十条商店街CP值超高的現做小菜
3.像這樣繁榮的商店街越來越少了　4.戶越銀座商店街的日常景色

用日語學韓文

安妞！重拾學生身份上起韓文課。

我在日本學韓文至今大約兩年多，當初會興起想學的念頭，是因爲有點看膩了不是將場景搬到醫院就是警察局，還有小情小愛到我覺得自己已老的日劇。那陣子開始接觸韓劇，然後就默默的成爲了隱形的孔太太（註九）（笑）。

這幾年韓劇的題材幾乎毫無侷限，看似天馬行空與離譜的劇情都還是能觸動人心，因此有了想學習韓文的念頭，也希望藉由學習一個國家的語言進一步了解這些堪稱神劇裡會出現的社會現狀與文化。

一堂五百日幣的韓文課

由於不知道自己到底能否持之以恆，或者就直接敗在那個每個看起來都很像的韓語字母，所以不敢花太多錢在這件事情上。在網路上無意間找到一家一小時只要五百日幣的補習班，得知這天大的好消息後，周邊的人都擔心我是不是被騙了。

不過實際去試聽一堂課後，我就決定報名了。因爲只要五百日幣，所以也無法要求太多，但也因此學得較無壓力，至少還有補課制度。教室環境是兩層公寓，用輕薄的牆壁分隔多個小間狹窄的教室，可以說是毫無隔音效果可言。師資雖然都是韓國老師，但大部分爲留學生以及剛出社會的韓國人，因此他們的日語程度與我這個外國人是差不多的。

一個班爲小班制約四～六個人，年齡層分布在二十歲～五十歲，不過我也有遇到一對高中與主婦母子在同一班上課，當老師每週要求大家念出自己用韓文寫的日記，這對家人對同一件事以不同立場敘述時，常常逗得我們大笑。而我這班多爲喜愛韓國偶像團體的媽媽，偶爾會爲了追星去聽演唱會而請假沒來上課。當我說出自己喜歡孔劉與玄彬等男星時，他們竟然問：「他還有在演戲喔？」，你們可以理解我以爲在這裡可以找到一起聊當紅韓劇與電影，卻發現完全無法的孤單心情嗎？

講中文也通的韓文

老師全程雖以日文授課，但在學習過程中發現，其實有些韓文單字唸法比起日文更接近中文發音，像是「會議」（회의），茶（차）等發音幾乎一樣。而在文化或習慣上，韓國人也常會在見面時問對方吃飽沒？而不是先問天氣如何；吃藥所使用的動詞也是「吃」，而非日文使用的「喝」。我也常在造句或回答問題時提到台灣的事情，很高興的是後來陸續有幾位同學相繼

到台灣旅行，還會帶京都念慈菴喉糖和鳳梨酥等伴手禮回來送給大家呢。

在國外生活已經不容易，還要再去進修或學習其他事物的確很燒腦也可能很傷荷包，但是每週這短暫的一小時都能讓我暫時跳脫工作，重拾當學生的快樂，也讓我有機會結識同樣住在東京的韓國網友，一邊互吐苦水，一邊不忘勉勵彼此。

韓文班教室

註九：孔太太是一群韓劇粉絲對自己的暱稱，因喜愛韓國男星孔劉，進而戲稱自己是孔劉的老婆。

體驗農村生活的時刻

來去鄉下住一晚！農泊體驗正夯。

近年日本出現了新型態的旅遊方式「農泊」，簡單來說就是到日本各大都市以外的農山漁村進行深度旅行，體驗當地生活。日本的觀光資源雖然豐富，但是只要一離開城市，外國遊客要如何抵達當地的交通方式以及語言隔閡，還有住宿設施的缺乏等問題就會發生。自從「農泊」漸漸受到注目，原本只能倚賴「收穫量」生活的農漁民們，可藉由觀光住宿增加額外收入，地方政府也能因此獲得國家的相關補助金，進而促使當地人才與經濟發展。鄉村也因爲日本與外國旅客的造訪而變得有朝氣許多。靠著大家口耳相傳，有越來越多人前往，無形中替當地做了最好的觀光宣傳。

大呼過癮的流水麵

因緣際會下，我曾到秋田縣的田澤湖地區體驗農泊，住在當地農民的家中一晚。還記得抵達車站後，就看到一位戴著帽子的爺爺笑著迎面而來：「妳是Miho嗎?哎呀歡迎歡迎！！W“#$%&」，由於他的秋田方言腔調眞的很重，後面講了些什麼我完全無法理解。

爺爺開車載我到家裡的路程上，不斷的告訴我哪一塊田是他家的、種了些什麼，而正在田裡彎腰忙碌工作的是他九十多歲的母親。總算到家後，婆婆熱情的打了聲招呼，拍著我的肩說：「妳在這裡的時間就是我們的女兒！」，便繼續準備當日晚餐的食材。

另一位鄰居阿嬤則先帶我到院子體驗「流水麵」。流水麵最有名的應該就是京都貴船神社附近的店家於川床（註十）上提供的料理，但在東京相當少見，我也一直沒機會親眼目睹過。這是爺爺自己用竹子做的特製長管，阿嬤一喊：「我要開始放囉！」就一團一團不客氣的連環放，我在下游別說是吃了，連接都來不及！阿嬤時而放入橘子片，最後我終於連素麵一起夾起，沾點醬汁品嚐，沁涼清爽的滋味至今仍令我難忘。

獲益良多的是我們更是他們

爺爺家後院就是河川流經之處，他捲起褲管直接徒手抓魚，而且百發百中，看得我目不轉睛。隨後，捕獲的岩魚便直接放上傳統地爐去烤，替晚餐加料，此時婆婆也將餐點一一端到地爐旁，所有料理都是他們自己收穫而成，還有用香甜Q軟的秋田米製成的鄉土料理烤米棒鍋（註十一），菜色豐富到我恨不得想讓剛剛吃下肚的流水麵快點消化。

明明是第一次見面，在大家齊聲喊開動用餐後，卻像好久不見的孫女來拜訪般有聊不完的話題，晚上洗完澡又繼續在客廳聊了一陣子。爺爺翻起以前招待過來自各國旅客的照片，其中還有韓國中學生團，他大笑說：「我活到這年紀，一句英文也不會，沒想到能認識這麼多外國人！」，後來我才知道原來秋田地區農泊住宿體驗，爺爺家可是大家的首選呢！

一場疫情喚醒青年返鄉

然而因爲疫情的關係，許多提供農泊的地方因爲擔心疫情惡化，有好一陣子在不得已的狀況下停止招待其他縣市來的旅客。會如此謹慎是因爲農家們的平均年齡超過六十歲，是一旦感染就容易偏向重症的危險年齡層。

這些地方鄉鎮在看似面臨危機卻也是轉機下，也讓疫情後想搬回老家的「返鄉青年」與一直以來居住在大都市的年輕人，開始有了到郊區生活的想法。因爲他們體會到，並非所有工作都得死守在辦公室才能完成，就算不面對面，也能透過網路與人溝通。**一旦遠離塵囂後，才發現原來那些壓力都源**

於自己，很多事情可以不那麼在意。冷漠無交集的公寓生活，也可能變成附近鄰居每日相互打招呼、隨時登門造訪為了送些剛摘取的蔬果的田園生活。

雖然是一期一會，但農泊這種能融入當地生活、和居民交流的旅遊方式，在心靈上獲得的滿足是無從比較的。或許等到疫情穩定後，哪天當我對城市生活感到些微疲憊而想起這家人時，便會再次前往去當他們的一日女兒也說不定。

註十：川床也稱納涼床，是京都或大阪在夏天會出現的設施。「床」在日文中指的是地板，位於河川兩旁的餐廳或茶屋會在室外設置可清楚看見河川的座席供客人用餐。

註十一：烤米棒是秋田的特有鄉土料理，會將米搗碎捏成長條棒狀，再烤過沾醬食用，或是切段後連同其它食材一起煮成火鍋。

1.溫馨的客廳　2.跟爺爺一家人的合照　3.後院抓來現烤的魚　4.人生第一次玩流水麵

室內不再吞雲吐霧

吸煙人數不少的日本，爲了奧運終於決定禁菸。

我不抽菸，也不太能接受菸味。台灣的菸害防制法因爲進行的早，所以大家早已習慣室內禁菸是理所當然需要遵守的事情。

第一次以旅客身份初訪東京時，最驚訝的事情就是室內可以抽菸，室外也有抽菸區，就算只是稍微經過都會不小心聞到那股嗆鼻的菸味。儘管連鎖咖啡店有實施所謂的「分菸」，不過通常因爲沒有完善規劃空間，因此可能到位於抽菸區的二樓洗手間一趟後下來，全身已沾滿菸味。也曾有幾次與日本友人們到居酒屋聚餐，其中有一兩個人會抽菸，在完全沒有問過大家的情況下就自顧自的抽起菸，完全壞了我的興致與食慾。

但最讓我震驚、直到現在仍然忘不了的一幕是，某個假日早晨我到家裡附近的喫茶店吃早餐，過了不久來了一家人，包括兩個小孩。爸爸在點完餐後直接點起菸，媽媽在一旁沒有想要制止的模樣，小孩們也沒有露出難聞嫌惡的表情。當時我心裡有著十萬個爲什麼，沒有辦法理解怎能因自己的習慣而做出可能影響家人健康的舉動。因此我一直認爲對於室內禁菸這件事情，日本人似乎並不怎麼在意。

菸草在古代是高貴的象徵

根據日本厚生勞動省的抽菸率報告，日本全國光是成人男性就約有一千四百萬人有抽菸習慣，是台灣總人口的一半以上。在五十年前，成年男性抽菸率更曾高達百分之八十七以上，五十多年後的現在雖降低至百分之三十以下，但數字仍可觀。

然而因爲菸草自江戶時代就傳入日本，在當時屬於高級品的一種，因此讓人有種抽菸代表身份高貴的印象。到了近代，菸草在中產階級與勞動階級、甚至是學生之間都廣爲普及，比起歐美，日本的香菸價格相較之下較低廉，而且不只便利商店，連自動販賣機與菸草專賣店都買得到，對吸菸者來說，日本是個很幸福方便的地方。

為了東奧，鐵腕禁菸

由於奧林匹克委員會有一項規定爲奧運主辦城市需要有禁菸的對策，爲了準備東京奧運，日本才開始著手修正相關條例法規，店家們因此紛紛開始改成禁菸或是增設室內吸菸專區。二〇二〇年四月終於實施全面禁菸。在那之前的緩衝期，很多習慣在餐廳抽菸的人仍然一時之間無法改掉。我曾在午休時到一間中華料理用餐時，聽到隔壁穿著西裝的阿伯正要拿出香菸時被店員勸導：「這裡不能抽菸，如果要抽，裡面有吸菸室可以使用。」，阿伯沒打算放棄，繼續問：「眞的不行嗎？」」，下場當然是得到店員的冷淡回應。

年輕的吸菸者逐步減少

自從全面禁菸後，以往總是「菸」霧瀰漫，讓我原本毫無勇氣踏入的復古特色喫茶店也變得非常清新。有一天我到神田周邊由一對古稀之年的親兄弟爺爺坐鎮的喫茶店喝咖啡，爺爺問我是怎麼知道這裡的？我表示在雜誌看過介紹後其實一直都很想來，只是因爲很怕菸味才不敢進來。爺爺笑著回答：「以前眞的有很多上班族會在這邊抽菸邊喝咖啡，不過現在來的年輕人都不太抽菸了」，說完他便從桌上拿起一包菸走到門外抽。

雖然本身就有抽菸習慣的人並沒有因此減少，畢竟這對他們而言是種紓解壓力、在上班時間還能暫時抽離現實去放空的方式，而且戒菸不是一天兩天能成功的事情，周邊的日本朋友花了一兩年的時間才終於戒菸成功，只是也因此胖了十公斤，這讓他開始養成運動習慣。

不過日本二十歲的年輕人算是整體抽煙率偏少的族群，常常可以看到年輕女孩與情侶在開放抽菸、或僅接受電子菸的古早喫茶店約會，但純粹只是想點份哈密瓜漂浮汽水與奶油厚土司，感受懷舊風情，而非因想抽菸而來。不管是抽菸者或沒有抽菸的人，只要能做到彼此尊重，我想日本在未來舉辦奧運之時，便能更做好萬全的準備迎接蜂湧而來的旅客。

1.全面禁菸標誌　2.店內有附設吸煙室的標誌

辛苦了，原宿車站

爲了東奧而改建新的站體，傳統面貌仍永存人心。

大學畢業前夕，我第一次獨自到東京旅行，走的是一般旅客初次造訪東京時會安排的行程，其中一個景點便是原宿周邊。剛從山手線車廂下車時，對原宿車站的第一個印象就是「眞的好窄小」，無論什麼時候都擠滿著旅客與活力的學生，在我慢慢被擠到接近剪票口時，終於空出手掏出交通卡出關。

出了表參道口後回首一看，原來這車站長得挺可愛的嘛。原宿車站是山手線上擁有最悠久歷史、已營運九十六年的木造車站，以歐洲十五至十七世紀流行的建築風格爲主要設計，白壁與八角形的尖塔成爲這座車站最顯著的象徵，並且設有日本皇室專用的特別列車月台，是否覺得既浪漫迷人又帶有一絲神秘感呢？

然而舊的原宿站做為東京奧運競技場周邊的車站，有著亟需改善月台擁擠、設置無障礙空間，還有老朽不符合耐火防災條件的各種問題，因此終於在二〇二〇年退役。在三月二十日結束營運的前一晚，所有車掌與站務人員身穿制服站成一列，按下鐵門開關後，向外行了九十度鞠躬直到鐵門完全關上。那一幕不管看幾次都有點鼻酸，畢竟這裡乘載著許多人青春的回憶，也幸運躲過戰火才能以當時的樣貌保存至今。

嚐一口原宿限定的咖啡

新的原宿車站在隔日正式啓用，兩層建築挑高而寬敞、採光明亮，雖然不至於到令人眼睛為之一亮，但的確比之前舒適方便許多。我很喜歡二樓的猿田彥咖啡，從窗外就能眺望通往明治神宮的石橋，另一側又有現代感的繽紛店家看板。有機會來這裡，建議可以點一杯此分店限定、與JR原宿站共同開發的「原宿咖啡」，喝起來順口不苦澀，也可以入手印有復古木造原宿站的玻璃製紀念杯，隨時回味來到此地的雀躍心情。

據說原本的車站預計在奧運過後拆除，但解體後會再重新還原建造。雖然失去交通運輸的使命，但它仍然在旅人與居民心中具有無可取代的價值。

走入歷史卻永存人心的原宿車站

新的原宿車站

猿田彥咖啡與JR合作的咖啡豆

路面電車的魅力

慢速的都電在某地仍是主要交通工具。

不知道大家來日本旅遊時，看到穿梭於馬路的路面電車是否覺得很新鮮呢？對我來說，有路面電車的城市與小鎮就是有一股莫名的吸引力。

其實在日治時期的台北，也曾經嘗試推動建設路面電車系統，然而最後因爲民意的反對與經濟上的理由而中止。因此路面電車行走於西門町、台北車站等繁榮地帶的畫面，就此成爲一場夢。

東京曾擁有日本規模最大的路面電車系統，雖然在經濟成長及汽車普及化後，慘遭拆除命運，現在僅存荒川線與世田谷線兩條，而唯一仍使用與一般道路併用軌道的只剩荒川線。

東京的路面電車（簡稱都電）全盛時期一天有近兩百萬人搭乘，行經銀座與淺草等地，路線長達兩百公里以上。廢除之後剩下的十二公里便是荒川線。之所以能幸運被保留，主要是因爲此路段多爲專用區間軌道，不太會影響交通，加上當地居民的年齡層偏高，搭乘慢速的電車比自己開車或騎車來得安全多了。

我第一次到東京旅遊時，就被這披著復古外觀、不在意旁人眼光自顧自的以慢步調前進的電車所吸引。還記得搭乘時，有一位年輕媽媽抱著小嬰兒坐在我旁邊，由於嬰兒實在太可愛，在語言不通的情況下，也不知道我哪來的勇氣，拿起掛在脖子上的相機，比手畫腳的詢問媽媽能不能讓我拍她的小孩。她露出友善的笑容，而嬰兒也很配合的望著鏡頭，那一刻我完全體會到旅人才能感受到的幸福。

定居在東京後，只要我想稍微散心時，就會買張四百日幣的荒川線一日券，一路從起站坐到終點站，任意在途中的小站下車，以悠哉的步伐踏進當地的店家與商店街，每次去總會無意間發現一些特色店家，或是遇上正在學行的地區性小祭典。

路面電車進行式

近年LRT輕軌議題受到國際注目，輕軌因對環境影響小，又能解決道路壅塞的問題，還能減少高齡者駕車肇事的機率。由於日本高齡化人口不斷增加，根據日本警察廳的數據報告，交通事故死者的年齡光是六十五歲以上就佔了一半。爲了改善這項問題，位於日本北陸的富山市就做得非常成功，不但路面電車與輕軌路線設計得很完善，還推出「繳回駕照就給予一萬日幣交通券」的策略，讓沿線居民有了更多方便的交通選擇，也有效降低事故發生。

一個地區的路面電車系統是否能不受時代影響繼續保留，除了經濟與交通因素外，還有一個最大的內在原因：「情感」。居民的生活與鐵道緊緊相連，從數十年前就在鐵路周邊販售印有電車圖案的鬆餅與和菓子的店家也不

少。鐵道公司也積極朝向觀光發展，將退役的電車做成一座博物館，可用租借的形式在車廂內舉辦各式活動。希望憑藉著這股情感，在十年、二十年後還能再次搭上路面電車欣賞沿途風景，聽到那聲「叮叮」發車鈴。

櫻花季節的荒川沿線風景

多工的腳踏車

腳踏車不僅能巡邏送信，還能兼差！

在台灣很少會看到有人將腳踏車當生財工具，最起碼有台可以穿梭大街小巷的機車才能更有效率完成待辦事項。但是在日本，交番（派出所）的警察是騎腳踏車巡邏，偶爾也還能看到騎腳踏車送信的郵差，最近則是因爲Uber Eats（註十二）興起，不時可以看到載著黑色大箱子的腳踏車出現在東京各處。而且因爲這是只要條件符合，誰都可以做的副業，所以有時遇到非日本人的送貨員，就會有一種『大家同樣在異鄉打拚，想相互勉勵』的心情湧上。

由於東京的電車路線發達，加上公司都會補貼員工全額的通勤費，所以大部分人都以搭乘大眾交通工具居多，以致於機車的普及率並沒有那麼高。

而住家的公寓或許根本沒有可以停機車的車位，但多半有腳踏車位，甚至不時可以看到路邊違規停靠的腳踏車被風吹倒成一排的畫面。相較機車，擁有一台腳踏車負擔會輕很多。雖然Uber Eats這項服務需要收取手續費與運費，但是在遇到天氣不佳或純粹懶得出門覓食時的確很方便。

晚餐迷路了

我自己平均每個月會使用一次美食外送，有時則會和同事一起點公司附近沒有的珍奶品牌，共享上班族的午後幸福時光。之前剛搬新家時，因爲是剛蓋好的全新公寓，住址尚未被登錄在google上，在叫外賣時鬧出不少笑話。有一次我選了麻辣燙與北海道湯咖哩等一些平常得特地去某站才能吃得到的美食，並在備註欄上註明「可能搜尋不到地址，只要看到某學校"#$%&」等等導航指示後按下送出鍵，期盼晚餐送到。結果癡癡的等了近半小時，用手機確認定位，看到外送員已經騎著腳踏車在附近，卻一直在同個地方鬼打牆。於是我送出訊息問他是不是迷路了，果然他立刻回訊息求救。

家裡門鈴終於響起，一打開門，顏值頗高的外送員九十度鞠躬道歉，不停慌張的表示真的很不好意思這麼晚才送來。我也不斷微笑說真的沒關係，他離開後我趕緊在App上填寫對這位送貨員評價，放心，我全按了讚。

註十二：Uber Eats是美食外送服務，只需在手機安裝此App並直接線上點餐，就會有專人將食物送達到家。

騎單車代步的日子

騎單車不只買菜方便，還能挖掘私藏小店。

來到日本生活之前，我對腳踏車的印象一直停留在日本純愛電影中男女主角共乘腳踏車，女主角輕輕抱住男主角的腰，男主角露出幸福微笑的畫面。後來才知道原來現實生活中共乘是違法的，還眞的看過警察直接上前攔住共乘的年輕人（罰金最高達兩萬日幣呢）。

以前在台灣只敢在社區內車輛無法通行的地方騎腳踏車，畢竟台灣人對腳踏車的定義比較傾向休閒娛樂，而非通勤或生活所需，加上道路平權意識薄弱，很容易被車子駕駛者與路人認爲既礙眼又危險，所以無論騎在車道或人車共道都處於一種爲難的狀況，一不小心就有可能因爲違反規則而被罰錢。

自從新冠肺炎疫情發生後，我以單車代步的日子隨之變多，還曾一路從淺草騎到東京車站與晴空塔，作爲散心順路購買食材的運動。也因爲「第一次上路」，才發現日本眞的是很適合騎單車生活的地方。馬路上有淸楚規劃單車道，一開始我還以爲那圖案是代表機車道，因爲範圍實在很寬，直到親眼見識單車騎士與Uber外送員都騎在這條道路才終於了解。而且斑馬線旁通常設有腳踏車通道，沒有標誌時，只要不妨礙路人通行，基本上都可直接穿越斑馬線。（人潮多時需下車以牽車方式通過）幸運的話還能看到坐在前座籃子的狗狗吐出舌頭用好奇的雙眼觀察眼前的世界，而女超人媽媽們還會前後各載一個小孩，上一秒訓話下一秒又恢復溫柔口吻對孩子說：「再忍一下喔，等下去超市買冰給你吃喔」，這可愛的畫面看幾次都不膩。

買單車也要註冊車主身份

由於日本沒有騎樓，所以建築物外就是步道，步道上會區分爲腳踏車專用道或人車共道，只要記住禮讓行人的原則就沒有太大問題。看到這你可能會想問，那腳踏車到底要停在哪裡？雖然不像台灣一樣有那麼多機車停車格，不過超市、公園等較多人出入的地方都會在門口設置「腳踏車停車場」，車站附近有的還需付停車費。反之，如果在貼有「駐輪禁止」之處停放腳踏車太久，很有可能會先被貼上一張警告單，再繼續無視下去的話，你的愛車就會被吊到十萬八千里遠的野外保管場，領回時還須繳交一筆撤去處理費。由於一般購入單車時必須先做防犯註冊手續，確保當單車遭到偷竊或被吊走時可以掌握所有者的身份，因此可別以爲不去領回就能一筆勾銷了喔。

適合騎車漫遊的日式生活

有了腳踏車的生活，讓我能夠以一種更悠哉的姿態與視角去重新認識周遭環境。買菜不用再扛著幾公斤重的袋子，傾斜著身子辛苦走回家，可以跟路上的媽媽一樣一派輕鬆的將裝滿食材、還有高人一等、露出半截長蔥的袋子放在前座籃子裡再慢慢騎回家。有一次騎腳踏車出門到半路時，發現輪胎的氣好像不太足，騎起來有點吃力。想起以前忘記從哪得知的小消息，可以到派出所向警察借打氣機。於是我鼓起勇氣向值班的年輕女警詢問，她馬上拿出來借我，看到我背包先放在地上，還主動幫我把背包放在警察巡邏的腳踏車後座箱子裡，再配上那親切的笑容，實在令我好感動。

有了腳踏車，讓我能探索的範圍又更廣了，也讓我培養出挖掘在地好店的興趣，當店家對我說：「啊，妳又來啦！歡迎！」，**那股保有距離但又能感受到的親近，總讓我對這座城市又多了一份眷戀。**

被貼上再不移走就會被拖吊的警告紙

腳踏車行駛道路

清楚標示出此區腳踏車的規則

疫情之下

東京，怎麼變這樣？新冠疫情中的自肅生活

當這座國際大城市在一夕之間全面靜止，令人措手不及。

如此蕭條寂寥的東京，這七年來我還是第一次看到。當安倍首相宣布緊急事態宣言的那天，正好是我的生日，還記得那時在百貨公司一樓買替自己慶生的切片蛋糕，就在下一個要輪到我點時，卻聽到大廳廣播：「明天開始將全面停業，造成不便還請見諒。」，那一瞬間我的情緒非常複雜，一方面慶幸我今天還擁有最後的奢侈，一方面不知道這場自肅生活究竟會持續到什麼時候。我只知道明天開始百貨公司、卡拉OK、電影院等娛樂性設施將關上大門，居酒屋也被限制只能營業到晚上八點，這座不夜城將一夕之間變得安靜。

爆買

整件事情得從二〇二〇農曆新年前說起，當時日本未禁止

外國人入境，而疫情其實已逐漸在全球擴散蔓延，放假出國的中國遊客團陸續到日本狂掃口罩，我也在郵局親眼看到中國遊客寄了一大箱口罩到家鄉。很多新聞記者都跑去銀座報導遊客來爆買口罩一事，卻無人去進一步了解購買的動機與原因。由於日本沒有在第一時間限制口罩購買數量，因此很快的到農曆新年一結束，藥妝店架上販售的口罩品牌與數量明顯開始變少。

品薄（註十三）

過完年後，在台灣的家人催促我趕快去買足夠的口罩存著，等到我發現跑了一兩間藥妝店都買不到口罩的情況已成爲常態後，便決定在網路上購買半年份的口罩，那時還能以一片約二十塊台幣的價格買到整盒。在網路上還買得到原因是因爲此時日本的危機意識尚未傳遍於整個社會，日本網友們便利用轉賣口罩來賺錢。

入荷未定（註十四）

直到有傳言奧運會延期的消息到確認延期的前後期間，終於出現排隊買口罩、搶消毒用品的人潮。政府也決定介入網路買賣市場，全面禁止轉賣一路狂漲的口罩。而在實體店面，所有相關商品都限制一人或一家人只能買一樣。無庫存的店家也直接將「入荷未定」貼在店內顯眼處告知客人，連店員也不知道下次口罩什麼時候會進貨。

這段時間還出現了慢半拍的衛生紙之亂，起頭的是某位職員在網路上散發不實謠言，表示衛生紙與口罩的材料來源都來自中國，一旦限制出入境恐怕就無法生產。那天之後民眾開始四處尋找衛生紙，連生理用品與廚房用紙都不放過，我到藥妝店購買生理用品時發現，除了最貴的有機棉生理用品還剩幾個，其它架上已是一片空。儘管後來新聞不斷強調那只是謠言，衛生紙幾乎是國內日產不用擔心，但情況並沒有因此好轉，反而加深家中本來就沒庫存的民眾決定先買起來再說的心態。那陣子我常常與同事及朋友們互相交流到底哪裡可以買得到衛生紙，那些明星的八卦與政治議題全拋在一邊，畢竟沒有什麼事情比要上洗手間時沒有衛生紙還來得嚴重啊。

不要不急

到了三月底，台東區的大型綜合醫院出現集體感染事件，由於上野與淺草也位於台東區，我任職的公司也在這一帶，因此公司決定下令，全面強制在家遠端工作。東京都知事也陸續召開多次記者會，呼籲民眾「不要不急」，沒必要沒急需就不要出門，雖然無法律上的強制效果，但路上的行人明顯逐漸變少，通勤時間的電車也不再擁擠，搭電車的人會自己與其他乘客保持距離，還可開窗讓空氣流通。

我每個月會報到一次的美容院，老闆是三十歲左右的台灣人，靠著自己的力量在東京創業，好不容易在中目黑櫻花並木周邊開設美容院，即將迎接第一個櫻花季，卻也因爲這波疫情導致客人減至三成。一月時他就已經警覺到不妙，於是要求員工全部戴上口罩，甚至送給他們一人一盒。當時所有人與同行的競爭店家都認爲他太小題大作，事情爆發後，大家都稱他爲「先知」。

緊急事態宣言

「密閉」、「密集」、「密接」是幾乎每天都能在電視新聞看到的字眼，代表絕對要避免的「三密策略」。在一宣佈緊急事態宣言，東京、神奈川、千葉、大阪、福岡等七個被要求自肅的縣市瞬間出現了許多變化。小本經營的店家有的選擇直接暫時不營業，有的則因撐不下去而結束營業，大部分店家則是縮短營業時間，僅提供外帶服務，像是星巴克連鎖咖啡店就乾脆選擇停業一個多月，光是東京就有三百多間分店，一夕之間全關門的景象相當「非現實」。

曾經唾手可得的一杯咖啡、經過窗外時常看到盯著筆電的客人、以及交談的外國旅客的日常模樣，都消失了。在重新營業的隔天，我立刻去買了杯外帶拿鐵，喝一口後眞心認爲那是能令人感到安心的味道。

另一方面，酪農業面臨因學校停課不需提供營養午餐，失去最大客群而發生供過於需的困境。

至於便利商店及超市，在必須持續經營下做足了各種防疫措施，例如在結帳區掛上透明塑膠窗簾、減少客人與店員之間飛沫傳染的機率。在排隊處貼上間隔線，拉開前後間距。

疫情下，重新定義家

自肅生活影響了每個人的生活與工作方式，一些平常埋首於工作的爸爸們突然得每天乖乖待在家，卻不知道該如何幫忙做家事與照顧小孩，加上小孩們無法上學，主婦得比平常準備更多人份的伙食，也幾乎沒有自己的時間，完全成爲考驗夫妻的關鍵時期。

由於大家待在家中的時間變多，又不能時常與朋友及同事見面，總是靠「喝一杯」來博感情與做生意的日本人，開始流行「線上聚餐」，約好的時間一到，大家就一起在螢幕前乾杯聊天。而無法去健身房或瑜伽教室，就改成學生們一起在自家地板鋪上瑜伽墊看著螢幕跟著做。無法去公園玩耍或野餐，那就在陽台買簡易桌椅，用手機播放喜歡的音樂，和家人享受日光浴。

在此之前，「家」對於忙碌於工作的日本人來說，或許只是一個休息與有歸屬感的地方，疫情後大家開始對家的定義有了重新省視的契機，把家裡打造成舒適的辦公室或者擺設成宛如有質感的咖啡店，讓在家的時間變得充實又療癒。事實上，疫情後願意考慮在郊區買房以及重新裝潢設計家中環境的人反而大幅增加。

日本企業的大考驗

另一方面，此時也有很多企業面臨倒閉與裁員的危機，尤其是航空、觀光及飯店業者更是受到重創。員工被要求放無薪假一百天，或是公司決定暫時退租辦公室等消息不時傳入耳中。

而我因爲工作性質，一直以來多是往外跑又愛旅行，因此剛開始時相當不適應，每天待在家守在電腦前，只有午休時間出門買個便當和一杯咖啡或珍奶，晚餐就盡量自己煮。這樣日復一日的日子說不厭倦是假的。有時候早上起來都不太知道今天到底星期幾，時間感變得模糊。爲了讓生活充實，減少負面情緒，因此我嘗試到空曠的河堤慢跑，除了散步曬點太陽外，也開始騎腳踏車稍微擴大移動範圍。以前因早出晚歸不曾注意過的店家就這樣一個接一個挖掘，希望透過買一杯咖啡、一個便當，以行動支持獨自營業的區域性店家們。

二〇二〇年五月二十六日，日本政府終於解除全國緊急事態，原本關門一個多月以上的店家紛紛拉起暖簾重新營業，然而爲了避免再度發生大型感染，政府仍然繼續宣導鼓勵企業能維持遠端工作或時差出勤，學校也以分散上學或縮短上課時間爲主。餐飲店大多也以社交距離設置座位，收銀台前的透明簾也暫不拆除。雖然短時間內回不了過去自由的生活，但這段自肅生活讓所有人上了一課，今後我們仍須努力做好防疫措施，保護好你我，讓東京這座城市再度恢復繁榮忙碌的光景。

在此也感謝台灣政府，在關鍵時刻放寬口罩輸出條件，讓我們這些住在國外的台灣人不再是口罩難民，還能使用有品質保證的made in TAIWAN口罩，並以身爲台灣人爲傲，讓世界對台灣的防疫措施豎起大拇指。

註十三：品薄，指的是庫存所剩不多。

註十四：入荷未定，指的是尚未確定何時進貨。

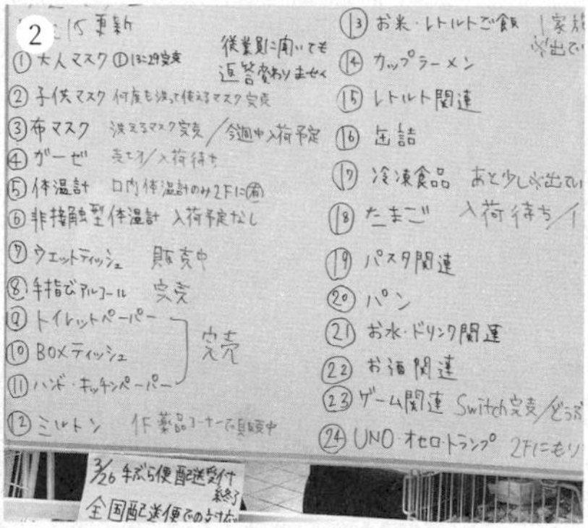

1. 安倍前首相在發布緊急事態全面解除的記者會
2. 唐吉訶德門口每隔幾小時就更新一次防疫必需品的數量
3. 緊急入荷價格狂漲的珍貴口罩
4. 卡通人物也戴上了口罩
5. 便利商店防疫措施

第四章

人間關係

にんげんかんけい

《日本人，搞不懂你ㄋㄟ》，
正如我留學時出版的第一本著作書名，
儘管我在日本旅居了八年，
仍然還在摸索了解要如何與怕麻煩他人、處處替人著想、
含蓄可愛、但有話都不說清楚的日本人相處。

吃苦不怨的日本先生

凌晨十二點才回家的工作日常。

我是個把工作與私人時間劃分相當清楚的人，能不加班就不加班，這樣才能運用下班後的時間和朋友聚餐或是創作，儘管什麼安排也沒有，也想早點回家吃飯追劇。所以每當其他部門或上司想將會議安排在接近下班時間時，除非眞的有非得立刻討論的事情，否則我都是當下回絕並要求另找時間開會。

然而日本男生卻是十之八九都將工作擺在第一順位，尤其是各行業務或廣告商以及服務業，公司主管或經營者就更不用說了。勤務時間內的工作處理完後，晚上還得參加各種「會食」（類似應酬），藉由見面來加快對方同意合作的腳步與打好關係促進感情。在週五的夜晚，常常可以看到不知道到底是爲了應酬還是消愁，喝得不省人事的上班族直接倒睡在電車車廂內，最驚人的一幕應該是天剛亮的澀谷街頭，聽親眼目睹的朋友敍述，那眞是一片有如停放屍體的廣場。

另外，日本人也很習慣把工作帶回家，打開電腦後繼續線上開會。從日劇《半澤直樹》就可以稍微看出，半澤幾乎每天都是晚上在外討論完工作的事後才回家，和妻子很少共進晚餐，也沒看過他幫忙洗碗或做家事的畫面。

身邊有日籍朋友與朋友的日籍老公是公務員，把睡袋放在公司、開會從早開到隔天早上、還曾經三天後才回家，途中因爲戴隱形眼鏡實在太不舒服，還請妻子將眼鏡送到辦公室，諸如此類的事情讓人完全打破公務員朝九晚五的印象。當初還在新婚期、但已習慣老公這種工作模式的朋友，有一天晚上七點半家裡門被打開，她還以爲是小偷嚇得半死而大叫，沒想到竟是難得早回家的老公。

而另一位朋友的老公擔任公司的業務，也是幾乎每日晚歸，最晚紀錄爲十二點半，回到家後再吃個飯用一下電腦，一天就這樣過去，沒有時間與家人相處，當然家事也就全落在白天也是上班族的妻子身上，讓妻子從暴跳如雷的情緒逐漸轉變爲覺得有身邊的愛狗陪伴比較實在。

超強韌的使命感

神奇的是，這些日本職場男性雖然會感到累，假日和家人出遊或約會時已經練就成到哪都能睡的本領，但卻從不埋怨過一句，甚至從沒考慮過換工作。反倒是擔心找不到其他工作，或者換了工作如果薪水因此無法提高，可能會帶給家人麻煩；以及他們也覺得其他同事也很努力、**不光只有自己在拚命的那股對公司的使命感，或許就是這個國家特有的職場文化與國民性吧。**

雖然能理解他們所做的一切都是爲了公司與想扛起家計重責大任，但總認爲若要同時維持婚姻生活，勢必得找到平衡兩端的方法。

直到一場疫情，將目前爲止的工作型態重新洗牌後，終於讓這些合理化的加班常態有了變化。上班族不用再被寂寞的主管拉去喝酒應酬看人臉色，也不用再花來回兩小時以上的通勤時間上下班。夫妻倆一起待在家的時間突然變多，若遇到神隊友，那就好似回到新婚般甜蜜，可以享受一起下廚、一起看著電視大笑、一起逛超市的生活情趣；若遇到豬隊友的話，各位先忍住翻桌的衝動，好好一起吃頓飯吧。

有話不說的日本女孩

若要猜中女人心，大概比中樂透還困難。

很多和日本女生交往過的台灣男生朋友都跟我說過：「日本女生很難懂！我眞的不知道她到底在想什麼？」，其中一位朋友還曾經帶女友出遊時，女友在旅途中突然放聲大哭，對他說：「你都不懂我……」，面對那淚流滿面的神情，朋友眞的嚇得不知所措，最終還是以離別收場。

細問之下發現問題的共同點都在於日本女生希望對方察覺自己的心意去付諸行動，而不是讓女生自己說出要求或將問題攤牌。另一個共同點則是日本女生比較傾向願意先配合另一半的要求，不太會表達出自己的想法。朋友說：「每次問她有沒有想吃什麼？想去哪裡玩？她都說你決定就好，我都可以。」一邊攤手搖頭邊敘述這狀況的朋友認爲，這反而是讓人感到有壓力的回答，因爲如果充滿自信的帶對方去自己精心挑選的店家，結果對方露出不太滿意的樣子的話，那還眞的會很絕望。

出來跟我直球對決吧！

如果你以爲只有男生才能體會到這些事情那就錯了，我就曾在職場上遇過日本女生在我面前眼眶泛淚的經驗。某次開會時，我向上司提出想了解剛進公司的秘書的事情，原本她以社長秘書身份進來公司，但與社長個性不合，卻又因爲喜歡這個工作環境，在短時間內已經和幾位日本同事交情打得不錯，因此職務內容改爲偏向某部門的助理，但是被分配的工作範圍非常廣泛繁雜，從撰文、行程管理到聚餐的餐點打理都包含在內。這讓部分員工有點不知道該在什麼樣的情況下才能請她幫忙做哪些事情。而就在我一提出疑問後的那陣子，那位助理對我的態度是能避則避，眼神能不對到就不對到。由於實在太明顯，詢問上司後才知道原來已經透過不知道是哪個通風報信的日本同事，將我在會議中所說的話傳到那位助理耳中。

牡羊座的我最不拿手的就是暗地互相猜測，因此我傳了封訊息給她，希望她能撥空直接與我談談。於是某日早晨，我們單獨在會議室裡見面，我請她先說出當初聽到的內容是怎樣的，再說出自己實際的想法。結果她拿出一張便利貼，上面滿滿寫著她想知道的事情，而我也一一回答，以前輩的身份告訴她：「我並沒有討厭妳，我是爲了讓團隊運作更加有效率才想釐清，也想知道妳眞正在公司想做的事情，而不是只是單方面做些被指派的工作」。沒想到她的眼眶開始泛淚，感覺下一秒眼淚就會掉出，她說：「原來是這樣，原來妳是擔心我。謝謝妳找我直接談，我心裡舒坦多了！」。

有了這樣的經驗後，讓我眞心覺得爲了避免誤會與隔閡越來越大，花點時間好好聊聊，讓她們知道其實你很在意、也願意傾聽，那麼或許她們就會漸漸打開心房說出自己眞正的想法吧。

難以拿捏的日本敬語

我們到底算不算朋友？一言難盡的人際關係。

在日文裡有依據場合與身份會更換使用的尊敬語、謙讓語、丁寧語以及常態語句，其中前三種統稱「敬語」。通常會用在職場上、招待客人、對方位階較高、彼此剛認識或不算熟，以及對陌生人的場合。而對家人、有交情的後輩或關係較親暱的朋友，則較常使用平輩用語（常態語句）。

一般對華人而言，一但認定彼此是關係良好的朋友後，相處時的講話方式就會變得比較輕鬆自在，然而因爲日本社會的上下關係分得相當清楚，日文裡又有「敬語」的存在，讓「朋友」本身的定義變得一言難盡。

我問過身邊多位日本人，既然對方是朋友，爲什麼還要用敬語對談？

日本人回答：「因爲對方年紀比我大，就算只大一歲還是得用敬語。」
於是我繼續問：「難道你不想和他關係變得更好，使用常態語句嗎？」
日本人說：「這個嘛……我會用一些方式去測試對方介不介意我說平輩用語。」
方法1：對方在詢問意見時，不是直接回覆他，而是自言自語說出自己想法時使用常態語句。
方法2：當天談的話題沒那麼嚴肅，對方情緒比較放鬆時，試著用常態語句。
我聽了只覺得很麻煩，但又忍不住好奇地反問：「那你覺得敬語的存在是方便的嗎？」
日本人回答：「雖然會讓人覺得有一點距離感，但起碼可以知道彼此尊重著彼此，不會不小心冒犯到對方。」
另一位在國外長大的日本朋友曾和我提過，他認爲生存在競爭力激烈的日本社會已經讓人身心俱疲，還必須理解所有禮節與敬語背後眞正想傳達的含義，還要學會「讀空氣」，讓他偶爾會懷疑到底哪一刻呈現的自己才是眞正的自己。唯有在出國使用英文或其他語言和國外朋友相處時，因爲不用考慮繁雜的上下關係，才能讓他卸下心防侃侃而談。

切換平敬語的緊張時刻

忘了是從什麼時候開始，我和公司的某日本女同事在談話時開始從敬語轉換成平輩用語。她雖然大我幾歲，但我比她早進公司一兩年，在剛相處時因爲不知道該如何拿捏，因此的確會覺得使用敬語是最安全的對談方式。一起工作一段時間後，因爲很喜歡她的認眞與積極樂觀的態度，某天我嘗試用平輩用語向她搭話，雖然心裡有幾分緊張，很怕她因此誤會我是在挑釁她或對她沒禮貌，好在她從那一刻起也對我使用平輩用語。似乎那層因語言所產生的距離變得比之前相近，原本談話內容僅限於工作的我們，開始也會聊些心事與感情煩惱，前陣子她還招待我和朋友去她家玩，將她未來的準老公介紹給大家認識。

敬語對外國人而言不但難以理解，還很難背下來，一不小心講錯就有可能破壞彼此的關係，甚至毀了工作機會。然而對日本人而言，其實也是一門難以掌握、無法隨時隨地得心應手的學問。**敬語支撐著日本社會的運轉，能善用敬語才會被認為是擁有社會常識的社會人士**。儘管只是到便利商店購物或是開門收包裹，抑或是和比自己年輕很多、但是自家小孩的幼稚園班導，都需要考慮對方在社會上的立場，以敬語釋出禮貌與尊重，在熟識之後，該在哪個時機轉換成常態用語，那又是另一個課題啊。

大有學問的日本土產

是紀念品，更是代表平常說不出口的謝意。

伴手禮在日文寫爲「お土産」（おみやげ，omiyage），直接從漢字來看的話，土產意指產於當地的物品，但是這個詞彙在江戶時代的原型爲「宮笥」，泛指在神社祈福而來的木板。而虔誠的庶民，每個人都想至少一生去一次伊勢神宮參拜，然而因爲旅費高昂，因此每個村落會在每年與衆人集資後派出一位代表，集資人們將賽錢（香油錢）遞給代表後、並傳達自己的心願，讓代表可以在伊勢神宮參拜時，代替自己說出心願。而完成任務的代表，則會買在神社祈福而來的木板分發給村民們。這時腦筋動很快的商人因爲想要拓展生意，開始在伊勢神宮附近擺攤賣特產吸引大家回村之前購買，於是「土產文化」便漸漸普及並成爲主流。

相較於歐美主要送給自己與家人的紀念品文化，對日本人而言，伴手禮不只是買給自己與親人，還要送給職場同事、客戶等任何平常受到他們照顧的人。因此常常在搭車之前或旅途中只要經過任何一家伴手禮店，都會忍不住花上一點時間在裡面精挑細選。有時候伴手禮挑得太忘我，還會忘記搭車時間！不少朋友就發生過在機場聽到廣播呼喚自己名字，連忙趕快辦理登機手續的糗事。而旅行一趟回來，打開行李箱便會發現光是伴手禮就佔了一半的空間。送伴手禮的這個行爲，其實也包含了平時說不出口的謝意，或者感謝公司讓自己休假，同時是一種打招呼的方式。

只要親手將伴手禮遞到對方面前，就能很自然地打開話題，而對方也就可以順勢詢問「這趟旅行好玩嗎？」、「這是當地的特產嗎？我第一次看到耶！好特別喔！」，因此伴手禮對不擅言詞又害羞的日本人來說，可以說是增進感情的超級救星也不爲過！

想分享喜悅的那份心意

我任職的公司偏向觀光屬性，除了有許多到日本各地出差的機會，同事們私下也都熱愛旅行，只要到了旅遊旺季或返鄉潮，辦公桌上就會堆滿來自世界各地的伴手禮。由於收到伴手禮的頻率實在太高，常常一放就忘了賞味期限，只好塞給不介意過期的鐵胃同事們。公司甚至還曾經收過一整箱從九州寄來的柑橘，爲了盡快清空，老闆自己還在一天當中剝了十顆享用，整個辦公室都散發著柑橘的清香。

或許有人會覺得，出差就已經很累了，爲何還要自掏腰包買伴手禮回來？的確出差光是不斷移動就算了，還會遇到很多難以控制的事情而容易感到精疲力盡，但是唯一能享受的就是用雙眼與味蕾去感受當地才有的景色及美食。

若想把這份僅有的美好分享給周圍的人，或許最簡單的方式就是在挑選物品時想起那個人，並在下次見面時親自送伴手禮給他吧。

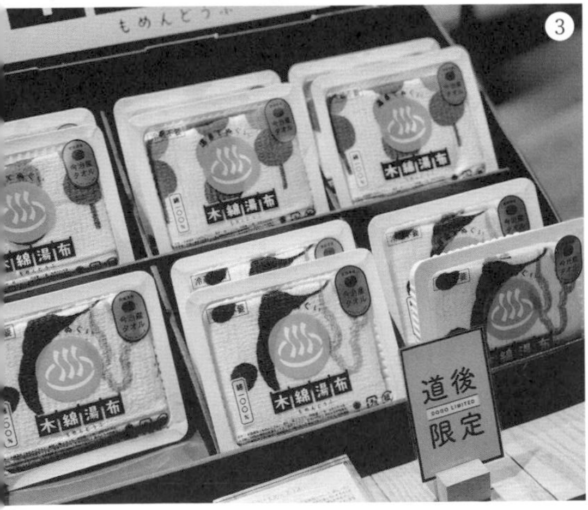

1.頒給自己的獎狀餅乾　2.現吃最美味的特產！醬油口味的霜淇淋
3.愛媛縣道後溫泉地區限定，豆腐包裝的今治毛巾
4.中川政七商店推出奈良小鹿圖案的可愛米菓

第五章 在日本的外國人

ざいにちがいこくじんのほんね

一開始大家都懷抱著期待與希望
隻身前往異地並且展開新生活，
歷經語言隔閡、文化差異、飲食習慣、戀愛甘苦談後，
逐漸找到一套在這裡生存的方式。

從外國人眼中看日本

雖然在工作與私下常有機會接觸同樣住在日本的外國人，但是很少認真探討或卸下心防一起暢談大家對日本的看法。這次透過訪問幾位外國朋友，更加了解到每個人在異鄉生活的經歷。

稱呼	性別	國籍	在日本待多久了？
卷　卷	男	香　港	3～5年
彭　哥	男	香　港	5年以上
R　編	女	羅馬尼亞	5年以上
李老師	男	韓　國	3～5年
亞歷山大	男	保加利亞	5年以上
keroro	男	泰　國	5年以上
池歐巴	男	韓　國	3～5年
阿　布	男	孟加拉	5年以上

Q1 當初來到日本時最不習慣的事情？

A1

卷卷 幾乎看不到邊走邊吃的景象。

彭哥 學習日語。

R編 大家一起去泡錢湯或溫泉的習慣。

李老師 不能在電車或新幹線上講電話。

亞歷山大 實際上在生活中運用的日文與教科書上的日文完全不同。

keroro 漢字。

池歐巴 沒有。

阿布 日本的商務禮儀。

Q2

即便到現在也仍然不習慣的事情？

A2

卷卷 在職場「讀空氣」，看場合說話做事。

彭哥 日語。

R編 用生雞蛋所做的料理。

李老師 一樣是不能在電車或新幹線上講電話。

亞歷山大 做事情的方式或想法比較缺乏改變與臨機應變。

keroro 眞心話與場面話。

池歐巴 沒有。

阿布 日本的商務禮儀。

Q3

最常被自己國家的人問有關日本的什麼問題？

A3

卷卷 要怎樣才能移民去日本？

彭哥 最近日本流行什麼，有什麼限定商品？

R編 電車真的都會按照時刻表運行嗎？

李老師 日本的壽司真的很好吃嗎？

亞歷山大 沒有。

keroro 沒有。

池歐巴 福島的核能發電廠真的沒問題嗎？

阿布 生魚與肉品嚐起來的滋味如何？

Q4 談談日本職場文化，包括你認為需要改進以及值得效仿之處

A4

卷卷 日本人因爲不敢說得太直接，所以反而常常產生誤解。覺得日本的工作原則：報告、聯絡、相談很值得效仿學習，讓公司內部工作內容透明化，可以知道彼此進度與效率。

彭哥 太多聚會了……

R編 我很喜歡日本人認眞看待工作的態度。認爲自己屬於公司的一份子，能感到很安心。如果自己份內事情有做好並且達成目標就會非常開心，想要更努力做出成果。

覺得有改善空間的點爲，付出的努力代價與得到的報酬若與世界基準相比的話，似乎有點差強人意，M型社會的狀況有點嚴重。

李老師 覺得比韓國好的地方在於重視個人實力，而希望能改善的地方爲

希望日本人在溝通或希望對方改進時，能更明確表達自己眞正的想法。

亞歷山大　勞基法與社會規範雖然都看似有完善的制度，但其實眞正做到的公司卻不多。很多勞動者都必須義務性加班，特休與育兒假也沒辦法說請就請。就算公司考慮導入時差通勤與遠端工作，也因爲必須設想到部分職員的工作內容不適用而無法徹底實行。然而因爲政府只採取鼓勵遠端工作而非強制，因此很難做到整體社會全面化的實施。

keroro　現在所待的職場比較不像傳統日本公司，比較不用去在意上下關係，也能勇敢表達自己的意見，覺得自己算是很幸運的。

池歐巴　希望能改善的事情爲有時候太謹愼與龜毛，工作上常常出現不必要的業務流程。而好的地方在於比起個人的表現，整體同心協力的團隊感讓人有歸屬感並且更有動力。

阿布　需要改善的地方：仍然有很多公司有著上司還沒回家、我就不能回家等等類似的問題。好的地方爲做事情相當會站在對方角度著想。

Q5 在日本職場中印象最深刻的事情或最開心的事情？

A5

卷卷 離開大都市到小鄉鎮出差時，都能感受到人情味。當地人會順路載我去車站，離別時送水果，眞的很感動。

彭哥 大概就是聚會了吧。

R編 喜歡和公司的同事們在年初開工第一天到神社寺廟參拜。和大家一同祈求工作順利的那瞬間，心是繫在一起的。

李老師 日本與其他亞洲國家相較之下，比較沒有那麼重視學歷，覺得很多人很早就出社會工作。

亞歷山大 能在非常國際化的企業工作覺得很開心。對於日本特有的伴手禮文化留下深刻印象。

keroro 覺得日本很多年輕人非常獨立，做事有條理。

Q6

在日本找租屋時最驚訝或困擾的事情？

池歐巴 比起個人評價，較重視團體評價。

阿布 自己待的公司對外國人沒有差別待遇，很尊重各國文化。

A6

卷卷 到底是爲什麼需要付「禮金」？

彭哥 很多意想不到的附加款項。

R編 一般在日本租房需要有日方的保證人。這點對於剛來日本生活、沒有半個認識的朋友的外國人來說是難上加難。

李老師 保證人制度。

亞歷山大 不想租房給外國人的房東不在少數。

keroro 完全不理解爲什麼禮金這項不成文的規定仍然存在。

池歐巴 沒有。

阿布 很難找到保證人。

Q7 日本的飲食文化和自己國家哪裡不同？

A7

卷卷 一開始最不習慣的事情就是外食的餐飲店很少提供沙拉以外的蔬菜料理。在香港有很多蔬菜料理可以選擇。

彭哥 基本上沒有差太多。在香港也能品嘗到很多日本食物。但日本的販賣機（自動販賣機）文化很有趣。

R編 有太多的不同，不知道該從何說起。無論是食材、料理方式或吃法皆不盡相同。最明顯的就是使用筷子吃飯，還有就是和大家一起在餐廳吃飯時，店員會給許多小盤子讓大家分裝。而且還一定會有一個人貼心的幫大家夾菜，如果只夾取自己的份，會被認爲是「不會讀空氣」。另外就是「湯頭」的不同，日本的湯頭基本上以昆布與鰹魚去熬煮。在羅馬尼亞則以雞爲主要熬湯食材。

李老師 去餐廳得先點飲料，吃丼飯要用筷子享用。

亞歷山大 蔬菜水果的選擇眞的太少了！還有，覺得日本沒有什麼好吃的麵包。

keroro 點拉麵還有附白飯的套餐選擇。對泰國人來說，米與麵都是主食，所以不太會有人兩樣一起吃。而且麵的量明明已經很多，日本人竟然還吃得下白飯，眞的讓我很佩服！

池歐巴 油膩的食物很多。

阿布 因宗教因素我無法吃生魚生肉，幸好還有煎魚和烤魚等選擇。

Q8 在日本生活，覺得最幸福與最艱難的事情？

A8

卷卷 找工作與申請簽證很耗時間與費神。覺得還是當留學生的那段日子最開心。

彭哥 處處都能欣賞櫻花。在日本國內很多地方都很漂亮。但城鎮差距極大，去郊外沒有車的話，交通眞的很不方便。

R編 眞心話與場面話如果無法適時的使用，很難在日本生存。因爲日本是個難以容忍「自我」的國家，隨時隨地需要考慮到周遭人的感受。覺得幸福的是，日本非常重視「和平」。極力不引起議論與喧嘩，做任何事都希望以和解的方式進行。

李老師 覺得艱辛的一點就是身爲一個外國人在異地生活。覺得幸福的是可以很快樂的和大家一起工作。

亞歷山大 要取得永久居留權非常困難，外國人只能選擇在自己簽證資格被規範下的工作領域生活，無法完全自由的選擇生活方式。覺得幸福的是日本的居住環境非常乾淨且方便。

keroro 覺得日本公寓的隔音設備不是很好，很常會聽到隔壁鄰居的聲音。覺得最幸福的就是生活環境，深夜也能安心走在路上，過馬路時車會禮讓行人，巴士與電車的乘車環境非常乾淨，而且都會按照時刻表出發與抵達。這些看似理所當然的事情在泰國都是很難體驗到的事情。

池歐巴 覺得日本的駕駛秩序非常良好。

阿布 日本的生活品質真的很好，但是沒有什麼和鄰居之間的交集。偶爾會感到有些寂寞。

Q9 覺得日本店員對國外旅客的對應態度如何？

A9

卷卷 非常親切，就算他們不太會說英文，也很努力嘗試溝通。

彭哥 實在太有禮貌！

R編 根據自己的經驗，百分之九十九的店員都相當親切。那份親切的態度遠遠超過被交付的份內工作，是發自內心的款待。

李老師 偶爾會遇到態度不太好的店員，不過是極少數。

亞歷山大 沒有特別問題。

keroro 對方一旦知道自己是外國人，日文就會從一般敬語自動轉換成普通形，像是很熟的朋友的說話方式。或許有人覺得這樣比較沒有距離感，但是有些人可能會覺得對方有以上對下的優越感。

池歐巴 態度比起其他國家的店員來說算是很親切。

阿布　基本上都很親切。

Q10 來到日本後覺得自己在心境上有怎樣的變化？或覺得收穫很多的事情？

A10

卷卷　有些想法變得比較偏向日本人。像是會去思考對方說出一句話時眞正想表達的意義是什麼。

彭哥　說話聲音放低許多。很多事情覺得能自己做就盡量自己處理，不太想帶給別人麻煩。

R編　對我來說，在日本生活每天都能學習到新事物，隨時都能感受到自己的成長。

我是來到日本後才成爲社會新鮮人，對於工作與賺錢等價值觀也變得和以前不同。另外就是原本自我爲中心的個性，變得較爲「社交」，會想讓對方開心，照顧關心他人。對於自己這樣的改變感到非常滿意。

李老師 變得比以前更樂觀。

亞歷山大 住在這裡十年以上了，變化當然很多，眞的一切盡在不言中。哈！

keroro 說話方式變得比較婉轉。來日本之前講話比較直接。

池歐巴 相信只要肯努力，就會被肯定。

阿布 生活變得較爲規律。

Q11

想給日本社會的建議或一句話？

A11

卷卷 希望不要再開一些沒意義的會議！

彭哥 希望更加接納海外人士。

R編 希望他們能好好面對格差社會（社會兩極化）的問題。無論是政治或經濟都呈現「男性的戰場」，女性嶄露頭角受到尊重的場合比起其他國家還是少很多。希望他們能承認並且反省後做出改變。

李老師 沒有。

亞歷山大 希望他們能加強獨自判斷與思考能力。並非所有事情都只能按照說明書與規則進行，需有臨機應變的能力。

keroro 不需要這麼客氣，適時說出自己的心情與想法也很重要。

池歐巴 希望他們能教導年輕人真正需要了解的歷史。

阿布 人生不是只有工作，希望他們能在工作與生活之間取得平衡。

Q12 日本的女性與男性，和自己國家有不同的地方嗎？

A12

卷卷 覺得日本女性比香港女性溫柔，但是因爲她們不太表達自己的想法，所以有點難以理解。

彭哥 日本人傾向什麼事都放在內心裡，希望對方自己察覺。

R編 日本男性女性在外觀上保有「清潔感」，他們非常重視在什麼樣的場合該穿著什麼樣的服飾與妝容，讓人感到相當舒適。這點與自己國家比起來眞的有很大的差別。

李老師 非常溫柔善良，但是連絡的頻率眞的比較少。

亞歷山大 就算認識很久，還是覺得有點距離。

keroro 做作的女生比泰國多。

池歐巴　一般人似乎對於社會與歷史，以及國際上發生的事情較無興趣。

阿布　雖然大家都很善良體貼，可是眞的不知道他們到底在想什麼。

Q13 在東京最喜歡的景點或店家，及其原因。

A13

卷卷　我最喜歡台場，除了有夜景代表的彩虹橋，還有我最愛吃的鬆餅店BILLS。坐在店內看著東京灣的美景眞的很幸福。

彭哥　吉祥寺。還有惠比壽的東京都写眞美術館，因爲有很多展覽可以看。

R編　下北澤。這裡充滿思考性與創意性，路上的人看起來都相當有自信，知道自己喜歡什麼。只要來一趟下北澤，「逛街散步」的視線就會跟著改變。在地下室或二樓以上都能發現非常有趣的小店，或許這就是下北澤最大的魅力也說不定。

李老師 我最喜歡日暮里。住在這裡幾年了，總覺得這一帶氣氛相當和平寧靜。

亞歷山大 澀谷、台場、谷根千。而我最愛的餐飲店是日高屋，能以實惠的價格吃一碗拉麵實在太幸福！

keroro 特別喜歡「せい家」豚骨醬油拉麵店。這是我人生第一次吃家系拉麵的店，濃郁的湯頭與香氣讓我非常感動。到現在我仍至少每個月造訪一次！

池歐巴 常常跟朋友們約在澀谷與新宿聚餐見面。

阿布 這裡結合了日本的傳統文化與自然景色，還有備受注目的新建築。

Q14 覺得日本的防疫措施做得如何？或希望怎麼做？

A14

卷卷 有點太看輕疫情了。希望他們能制定較爲嚴格的規定。並由國家支援補助各行各業。

彭哥 日本很多年輕人似乎都不太擔心。若政府一開始就封關的話，就不會發生這麼多問題了。

R編 疫情對大家來說是未知且混沌的問題，本來就難以控制。我認爲基本上日本的對策大抵算可以接受，唯一無法理解的就是自肅期間配發給國民的口罩。另外就是劇場等藝術活動都受到相當大的衝擊，在防止疫情擴大時，希望他們也能同時繼續重視藝術活動。

李老師 雖然覺得好像有點過於大意，但總比過於嚴格管制好。至少現在還算能自由地過生活。

亞歷山大 有些措施似乎有點太敏感誇張。特別是媒體所引起的群眾恐慌。

keroro 店家都算是非常配合。但是走在路上還是能看到很多人不怎麼在意疫情，缺乏危機意識。對於這點我覺得泰國做得比較好。

池歐巴 真正實行措施之前花了太多時間。

阿布 跟其他國家比起來已經好很多。

Q15 疫情發生後，自己的生活有受到哪些影響？發現日本有哪些變化？

A15

卷卷 特別注意個人衛生。雖然在生活上沒有什麼太大的變化，但看到很多店家無法經營而收起店面覺得很難過。

彭哥　很多地方想去也去不了。大家開始遠端工作，漸漸習慣線上化的生活。

R編　在疫情發生之前，我幾乎常常往外跑，過著很少在家的生活。現在因為出門頻率大幅減少，也無法去看喜歡的藝術表演或演唱會等等，這對我來說其實有點痛苦。但相反的，我也多了很多可以靜下來思考的時間。希望疫情能盡快平復，重新感受只要出門才能體會到的新鮮人事物。

李老師　外出時變得較為小心注意衛生。

亞歷山大　因為疫情的關係，公司被母公司買下。或許是因為日本人漸漸不太信任媒體的關係，雖然相互矛盾的對策令人實在捏把冷汗，但是越來越多人反而在這時期去做自己想做的事情。

keroro　沒有。

池歐巴　政府對策緩慢，國民的危機意識有點薄弱。

阿布　和家人相處的時間反而變多了。

2AF358

東京・時時刻刻

那些輕描淡寫的日本真實生活，疫情之下的第一手點滴記錄

作　　者　Miho
責任編輯　王韻雅
美術編輯　張哲榮
版面構成　張哲榮
封面設計　WHOSMiNG
內頁插畫　WHOSMiNG

行銷企劃　辛政遠
行銷專員　楊惠潔
總 編 輯　姚蜀芸
副 社 長　黃錫鉉

總 經 理　吳濱伶
發 行 人　何飛鵬
出　　版　創意市集
發　　行　城邦文化事業股份有限公司
歡迎光臨城邦讀書花園
網址：www.cite.com.tw

香港發行所　城邦（香港）出版集團有限公司
香港灣仔駱克道193 號東超商業中心1樓
電話：（852）25086231
傳真：（852）25789337
E-mail：hkcite@biznetvigator.com

馬新發行所　城邦(馬新) 出版集團
Cite (M) Sdn Bhd 41, Jalan Radin Anum,
Bandar Baru Sri Petaling,
57000 Kuala Lumpur,Malaysia.
Tel：(603) 90578822
Fax：(603) 90576622
Email：cite@cite.com.my

印　　刷　凱林彩印股份有限公司
初版一刷　2021年（民110）5月
I S B N　978-986-5534-42-4
定　　價　350 元

若書籍外觀有破損、缺頁、裝訂錯誤等不完整現象，想要換書、退書，或您有大量購書的需求服務，都請與客服中心聯繫。

客戶服務中心
地址：10483 台北市中山區民生東路二段141號B1
服務電話：（02）2500-7718
（02）2500-7719
服務時間：周一至周五9：30 ～ 18：00
24 小時傳真專線：（02）2500-1990 ～ 3
E-mail：service@readingclub.com.tw

廠商合作、作者投稿、讀者意見回饋，請至：
FB 粉絲團˙http://www.facebook.com /InnoFair
E-mail 信箱˙ifbook@hmg.com.tw

國家圖書館出版品預行編目（CIP）資料

東京・時時刻刻：那些輕描淡寫的日本真實生活，疫情之下的第一手點滴記錄 / Miho著.
-- 初版 -- 臺北市：創意市集出版：
城邦文化發行，民110.05
面；　公分
ISBN 978-986-5534-42-4（平裝）

1.文化 2.風俗 3.生活方式 4.日本

731.3　　110001987